우리 앞의 월든

우리 앞의 월든

숲이 필요한 시대,
자연이 몸과 마음을 치유한다

베아테 호프만, 올라프 호프만 지음 | 박병화 옮김

율리시즈

나는 경험해봤으니 내 말을 믿어라. 책보다 숲에서 더 많은 것을 발견할 것이다.

나무와 돌멩이는 어떤 스승에게서도 들어보지 못한 것을 가르쳐줄 것이다.

: 클레르보의 베르나르도

당신은 '여기서 빠져나가고 싶어'라고 생각해본 적이 없는가? 틀에 박힌 일상에서, 딜레마에서, 직장에서, 끝없는 의무감에서 혹은 다람쥐 쳇바퀴 같은 일상에서 벗어나고 싶다고 생각해본 적이 없는가? 이런 충동은 갑자기 떠오르지만 몇 주 혹은 몇 년씩 서서히 다가오다가 점점 빈번해지기도 한다.

하지만 급격한 일탈을 할 경우, 실망이나 과중한 부담이 뒤따른다는 것도 알 것이다. 어쩌면 당신은 대탈출이나 안식년, 엄청난 변화라는 것이 정말 존재하는지 스스로 반문할지도 모른다. 단기간에 뭔가가 변해 삶에 새바람이 불고 창의적인 발상으로 직장 환경이 새로워지며 기쁨이 샘솟는 일은 어떻게 가능할까? 어떻게 하면 삶에서 의연해지고 무엇보다 강한 힘을 유지할 수 있을까?

우리는 새로운 인식을 찾던 끝에 더 힘차게 살고 대상에 더 주목하며 창의력에 새로운 활력을 불어넣어주는 '녹색 회복탄력성 green resilience'의 비밀과 마주치게 되었다. 그것은 자주 활용되지 않는 특수한 자원으로, 우리 모두가 손에 넣을 수 있는 자연의 힘이자 야생의 넋이며 힐데가르트 폰 빙겐이 '녹색의 힘'으로, 우리 두 사람은 '야생의 힘'이라고 부르는 강력 에너지이기도 하다.

갈수록 많은 신경과학자, 심리학자, 교육학자, 사회학자들이 인간의 안락, 창의력, 건강의 결정요인과 자연의 상관관계에 주목하고 있다. 때로는 나무를 보느라 숲을 보지 못하는 일도 많다. 이런 태도는 바뀌어야 한다. 이제는 자연을 적극 이용하고 무조건 밖으로 나가 삶이 제기하는 다양한 요구에 응할 때다. 그러면 눈을 크게 뜨고 온 감각으로 숲을 느껴보는 것이 보람 있다는 것을 깨달을 것이다. 행복의 기본조건은 인간과 자연이 하나가 되는 것이기 때문이다.

그러므로 스스로 영감을 불어넣고 자신을 격려하라. 남들과 다른 역발상을 해보고 휴식을 취하며 집 밖 먼 곳의 야생으로 과감히 들어가보라. 자연의 치유력을 이용하고 새로운 힘의 원천을 발견하며 아이들에게 강렬한 삶의 뿌리를 경험하게 하라. 한마디로 무조건 밖으로 나가라. 그리고 장기적으로 행복한 삶을 녹색 영역에서 향유하라!

이 책을 위해 우리 공동저자는 지난 수개월간 많은 여행을 했고 흥미로운 사람들을 만나 질문을 거듭하며 전문지식을 모았다. 무엇보다 야외로 나가 어떻게 자연이 작동하고 원기를 돋우는지 직접 체험했다. 나, 베아테 호프만이 이 글을 쓰는 이유는 컴퓨터 자판에 접근할 수 있는 사람이 나뿐이라서다. 하지만 여기 소개하는 내용은 남편 올라프와의 공동 지식에서 나온 것이다. 올라프는 야생을 사랑하는 모험가이자 야외교육자다. 그에 비해 나의 주 전공은 심리학, 회복탄력성 연구, 개인능력 강화와 연관 있다. 따라서 이중적인 시각을 기반으로 한 독특한 책이라는 점을 주목해주기 바란다.

베아테 & 올라프 호프만

차례

——

제1장

틀에 박힌 사고에서
벗어나라

혁신적으로 역발상하라!

혁신은 야외에서 시작된다

오늘 하루는 지루하고 고되었다. 우리는 잉골슈타트에서 기업인들을 상대로 강연을 했다. 이제 아우토반을 따라 족히 4시간은 걸리는 귀로가 기다리고 있다. 운전은 올라프가 하고 나는 뉴스레터를 위한 글을 쓸 생각이다. 하지만 기진맥진한 느낌이다. 머릿속이 텅 빈 것만 같다. 적어도 발표할 가치가 있는 자극과 창의적 사고라는 측면에서 보면 그렇다.

'변화란 끊임없이 혁신을 불러내는 창의적인 가능성의 공간이다.' 최근 나탈리 크나프 Natalie Knapp라는 철학자의 책에서 읽은 구절이 생각난다. 이 귀로가 우리가 의도적으로 만들어낼 수 있는 바로 그런 변화가 아닐까? 그럴 만한 시간이 없다는 걱정일랑 내던지자. 시간을 내고 안 내고는 우리가 할 탓이다. 그러니 올라프가 방향지시등을 켜고 다음 출구를 빠져나간 뒤 최고 수준의 야외 주차장 쪽으로 차를 모는 것도 이상할 것이 없다.

표지판에 쓰인 '킨딩거 암굴'이라는 글자가 이 부근에 바위동굴이 있다는 것을 알려준다. 우리는 기본 장비로 챙겨 다니는 운동화를 신은 다음 들판을 지나고 언덕을 넘어 멋진 혼합림으로 향한다. 불과 20분 만에 좁은 길을 따라 바위로 올라간다. 선사시대의 주거지로 쓰이던 동굴이다. 숲속에는 우리 둘뿐이고 저 멀리서 아우토반의 소음이 들린다.

벼랑 위에 걸린 이 바위는 아마 폭이 10미터쯤, 굴의 깊이는 8미터는 족히 될 듯하다. 동굴 속 불을 지피는 곳 주변의 나무기둥들이 걸터앉으라고 유혹한다. 바위 천장 아래서 넓게 펼쳐진 밖의 풍경을 내다보니 숲이 마치 우리 발밑에서 뻗어나간 것처럼 보인다. 우리는 입을 열지 않는다. 말없이 자리에 앉아 생각에 잠긴 채, 강연을 하던 시간 우리가 만난 다양한 사람들을 떠올린다. 이어 수천 년 전에 이 주거지를 찾아낸 사람들을 상상해본다. 이런 생각은 아무튼 동굴 벽을 칠판처럼 사용한 유적을 본 결과이리라. 원시시대 이후 이 동굴은 사람들의 피난처였다. 그들은 여기서 겨울을 나거나 긴 우기를 피해 살았을 것이고 불가에 둘러앉아 공동생활을 하며 희로애락을 나누었을 것이다. 또 여기서 단체의식을 익히거나 다시 밖으로 나가 살기 위해 도구를 만들었을 것이다. 아우토반에서 나는 소음은 나뭇가지 사이로 부는 바람소리에 파묻혀 들리지 않는다. 원시시대 이전의 세계로 빠져드는 상상을 하니 우리가 태곳적 인류의 조상과 별 차이가 없다는 느낌이 든다.

그도 그럴 것이 우리 역시 은신처를 찾고 있고 보호해줄 피난처가 필요하며 모여서 공동체의 경험을 공유하기 때문이다. 동시에 바깥세상으로 주거지를 옮겼다는 느낌을 받는다. 멀리 떨어진 세계로, 새로운 체험의 공간으로, 발견하고 싶은 낯선 영역으로 나왔다는 느낌이 든다. 출발과 귀환은 서로 불가분의 관계다. 가령 이런 동굴에서 힘을 키운 자는 언젠가는 힘차게 다시 나갈 수 있었을 것이다. 동굴, 드넓은 자연, 나무 사이로 비치는 햇살의 강렬한 색채, 바람의 속삭임, 이 모든 것이 오늘 마음속에 끈끈하게 달라붙은 생각의 찌꺼기들을 깨끗하게 씻어주는 것 같다. 차츰 긴장이 가시면서 생각의 즐거움이 되살아난다. 우리는 흐뭇한 대화의 세계로 빠져든다. 말이 꼬리를 물고 이어진다. 이 동굴은 작센 스위스의 엘베 강 유역에 있는 사암고원 지대의 한 곳을 떠올리게 한다. 우리는 청소년 시절 그곳에서 '비박'을 한 적이 있다. 야외의 이런 바위 틈새에서 자연지형을 이용해 밤을 지내는 것을 비박이라고 한다. 엎어지면 코 닿을 데서 아주 특이한 방법으로 자연과 하나가 되는 것은 정말 멋진 모험이었다. 뭔가 낯설면서도 동시에 친숙한 느낌이었다.

　왜 우리는 그런 경험을 다시는 하지 못한 걸까? 왜 우리는 이런 생각을 할 때 일정이나 타율적인 규정을 중시하는가? 호텔 숙박보다는 다시 하늘을 지붕 삼아 야영하거나 전에 했던 '비박'으로 밤을 보내는 것이 독창적이지 않을까? 멋진 계획을 꾸미기만 하면 가능성은 얼마든지 찾아낼 수 있다. 마음속에서 불이 번쩍한다는 속담도 있듯이, 불을 보고 달려드는 하루살이처럼 갑자기 창의적인 생각이 떠오를 것이다.

이렇게 바깥으로 나오면 사람은 평소의 흐름에서 벗어나, 즉 목표에 쫓기며 한 약속장소에서 다른 장소로 전전하는 일상의 틀에서 벗어나 '창조적'인 상태가 된다. 그리고 예기치 않게 잠깐 이런 식으로 자연에 나오면 놀라운 효과가 나타난다. 내 경우, 단순히 메모장을 꺼내 뉴스레터에 내보낼 생각을 정리할 여유만 갖는 것이 아니다. 그뿐 아니라 힘이 샘솟는 마법의 공간으로 변하는 장소를 찾아낸 것이다. 그리고 A9 고속도로를 이용하면 어렵지 않게 다시 방문할 곳을 발견한 것이다. 단지 다음번에 국한해서 말한다면.

종이갑의 의미

여기 압핀이 든 조그만 종이갑이 있다. 양초 한 자루와 성냥도 있다. 당신에게 주어진 과제는 초를 벽에 고정시키고 촛농이 바닥에 떨어지지 않게 하는 것이다.

심리학자 카를 둥커Karl Duncker는 거의 80년 전에 피실험자들의 문제 해결 능력을 테스트하기 위해 이와 비슷한 실험물을 준비했다. 결과는 매번 똑같았다. 피실험자들은 아주 원초적인 방법을 사용했다. 그들은 촛농을 초 옆구리에 묻은 상태로 흘려서 벽에 붙이려고 했다. 혹은 압핀을 못처럼 이용해 초를 어떻게 해서든 핀으로 고정시키려고 했지만 물론 번번이 실패했다. 많은 사람은 몇 차례 이리저리 시도해보고 궁리를 한 끝에 단순한 문제 해결 방법을 찾아냈다.

그들은 압핀갑을 비운 다음, 핀으로 갑을 벽에 고정시켜 받침대가 되도록 하고 갑 안에 촛농을 한두 방울 떨어트려 초를 고정시킨 것이다. 이렇게 해서 벽걸이 촛대가 완성되었다.

이 실험에서 계속 관찰되는 현상은, 사람이 뭔가를 진정 처음으로 발견하기까지는 100번이나 1,000번씩 본다는 것이다. 조그만 종이갑 안에 얼마나 큰 의미가 담겨 있는가! 그것은 단순한 종이갑보다 훨씬 큰 의미를 내포하고 있다. 또 받침대 기능에 그치는 것도 아니다.

당신은 답을 찾아냈는지? 나는 꽤나 힘들었던 데 비해 올라프는 1분여 만에 문제를 해결했다. 그는 종이갑의 기능을 바꾸는 데 어려움이 없었다. 아이들도 5세까지는 이와 비슷하게 창의적이다. 하지만 이후 아이들은 환경의 영향 아래 직관이나 무질서, 실험적인 방법보다는 사고력으로 과제를 해결하기 시작한다.

그렇다고 이런 방법이 늘 더 빠른 해결로 이어지는 것은 아니다. 독창적인 사고로 이어지는 것은 더욱 아니다. 지식정보사회에서 우리에게 시급히 필요한 것이 바로 이런 독창적 사고다.

창의성은 새로운 아이디어와 그 아이디어를 성공적으로 적용하는 데 필수적인 기본토대가 된다. 이때 그 창의성이 기업과 관련된 것인지, 아니면 학문이나 학교와 관련된 것인지는 중요하지 않다. 모든 사람이 공통적으로 거대한 도전에 직면해 있기 때문이다. 지금까지 안방으로 전달되는 세계적인 인구 증가는 통계학자들이 나열하는 단순한 숫자였거나 텔레비전에서 받는 수동적인 인상에 불과했다. 독일에 사는 우리는 그 문제에 대해 뭔가 깨달은 것이 없었다. 하지만 그 사이에, 난민이 코앞으로 밀려들고 있다. 국경은 조국을 잃어버린 사람들로 넘쳐난다. 단순히 전쟁과 기아, 절망에서 빠져나오려는 사람들이다.

세계 인구의 팽창과 기후변화에 따른 자연재해, 만연한 기술의 도전적인 과제 등, 인류가 미래의 삶을 위해 창의적인 해결 방법을 찾아야 할 이유는 얼마든지 있다. 영국의 교육학자 켄 로빈슨 Ken Robinson 은 다음과 같이 말한다. "새로운 유형의 이 거대한 군중은, 아직 발명하지 못한 기술을 아직 상상할 수 없는 방법으로 아직 존재하지 않는 일자리에 응용해야 한다." [1] 미래가 어떤 모습으로 다가올지 정확하게 예측할 수 있는 사람은 아무도 없다. 인류 역사상 세계가 이처럼 빠른 속도로 전개되는 복잡한 변화를 극복해야 했던 적도 없었다. 그러므로 우리에게는 단지 개인뿐만 아니라 사회 전체적으로도 혁신적인 '독창적' 사고가 필요하다. 중요한 물음은 '어디서 혁신을 구할 것인가?'이다.

혁신은 어디서 나오는가?

자연은 아이디어의 보고

최대의 혁신자원은 바로 우리 눈앞에 펼쳐져 있다. 이 자원은 어느 정도 우리 인간의 내면에서 혹은 우리 주변에서 찾을 수 있다. 약 40억 년 전, 끊임없이 적응해야만 했던 그때 자연은 복잡한 도전을 극복했다. 지구상의 생명체가 다양한 형태로 이동하는 것만 봐도 알 수 있다. 기거나 날거나 헤엄쳐가며, 껍질이나 피부, 갑각 등, 신체 보호방식도 서로 다르다. 또 공중과 육지 등, 서로 다른 공간에서 영양을 섭취하면서 힘을 얻거나 번식하며 다른 생명체와 연합해 혜택을 보기도 한다. 끝없는 혁신의 결과다. 과학자라야만 이런 현상을 보고 놀라는 것은 아니지만, 오로지 과학자만 연구를 통해 인식을 얻을 때마다 더 의문을 품고 자연의 복잡한 상관관계에 경외감을 느낀다.

자연은 기술혁신이나 사회적 협동에 대한 무수히 많은 예를 보여준다. 이를테면 아시아 연꽃이 진흙 늪에서 청순한 모습을 유지하는 것은 연꽃 표면의 특수한 밀랍 성분 덕분으로, 물방울이 꽃잎의 겨우 0.6퍼센트만 접촉한 상태에서 방울져 흘러내리고 그로 인해 미생물이나 조류가 연꽃에 붙어사는 것을 막아준다. 과학자들은 이런 자정작용을 하는 '연잎효과'를 관찰로 확인하고 외장용 페인트를 개발했다. 비가 올 때, 빗물에 섞인 때가 건물 벽에 달라붙지 않고 그냥 흘러내리도록 한 것이다. 다른 예를 들자면, 혹시 벤자민 고무나무의 자동조절 능력에 대해 들어본 적이 있는지? 이 뽕나뭇과 식물은 아시아가 원산지다. 아마 벤자민도 실내 재배용 화초로서 당신의 사무실이나 거실을 장식하고 있을 것이다. 또한 당신은 식물의 가지가 꺾이면 이내 흘러나오는 하얀 수액도 분명 본 적이 있을 것이다. 단백질과 유미를 함유하고 있는 이 유액은 자상을 입었을 때 완벽한 상처 봉합 기능을 한다. 현재는 어떻게 하면 이런 현상을 이용해 자기교정 작용을 하는 소재를 개발할 수 있을지 연구가 이루어지고 있다. 예컨대 자동차의 완충장치나 접합부의 패킹작업에 미세한 균열이 생겼을 때, 또 자동차의 도장이나 휴대전화의 화면에 흠이 생길 때, 자동으로 조절하도록 적용할 수 있을 것이다.

수많은 동식물은 놀라운 능력을 발휘하고 있으며, 이런 능력은 오늘날의 기술로 분석이 가능할 뿐 아니라 혁신을 위한 아이디어의 보고로도 이용할 수 있는 것들이다. 과학자들의 견해에 따르면, 생물의 진화는 기술혁명을 엄청나게 촉진할 수 있다고 한다. 이런 가정이 학술적인 생물학과 기술을 접목한 현대 생체공학의 접근방식이다. 생체공학은 끝없는 생물학적 모범의 보고를 토대로 삼는다. 여기서 현재 당면한 기술적 문제에 대한 답과 원칙이 발견된다. 그리고 이런 발견을 통해 새로운 형태의 사고가 가능해지는 것이다.

생체공학의 고전적인 예는 스위스의 기사 조르주 드 메스트랄 Georges de Mestral 의 발견에서 나왔다. 개를 키우는 사람이면 대개 그렇듯, 메스트랄도 산우엉 씨 때문에 화가 났다. 개를 데리고 숲이나 들을 산책하고 돌아오면 개털에 달라붙은 산우엉 씨를 떼어내는 것이 무척 성가셨기 때문이다. 선천적으로 호기심이 많은 메스트랄은 식물의 작은 부분이 달라붙는 원인을 궁금해하다가 현미경으로 놀라운 것을 발견했다. 산우엉 열매가 탄력성 있는 미세한 갈고리 모양을 하고 있어서 개털 같은 곳에 엉겨 붙을 수 있다는 것을 확인한 것이다. 그는 어떻게 하면 이 갈고리가 다시 떨어질 수 있을지 곰곰이 생각해보았다. 그리고 그런 갈고리가 엉겨 붙었다가 다시 떨어질 수 있는 섬세한 폐쇄루프로 벨크로 스트랩을 개발했다. 1951년 메스트랄은 벨크로 특허를 신청하고 벨크로 인더스트리를 설립했다. 그리고 8년 후, 최초의 벨크로 제품이 출시되었다. 이 회사는 현재까지 세계시장을 주도하는 기업으로 성장해 전 세계에 3,000명의 종업원을 거느리고 연간 2억 5,000만 달러의 매출을 올리고 있다.[2]

조르주 드 메스트랄은 생체공학의 선구자로 통한다. 이 혁신적인 과학은 다양한 모습으로 계속 발전해왔으며 더욱 흥미로운 것은 과학자들이 끊임없이 자연으로부터 자극을 받는다는 점이다. 애플 사의 창업자이자 기술적 비전을 품었던 스티브 잡스는 다음과 같은 말을 남겼다. '나는 21세기 최대의 혁신이 생물학과 기술의 인터페이스에서 생길 것이라고 본다.' 이런 혁신은 우리 주변의 자연을 주의 깊게 인지하고 경이감을 가지며 동시에 신중하고 조심스럽게 대하는 태도를 전제로 한다. 현재 우리 인간은 온갖 생물의 멸종을 부르는 식으로 자연을 대함으로써 스스로 창의력의 원천을 대폭 축소하고 있다. 생물학자이자 철학자인 안드레아스 베버Andreas Weber의 말에도 귀를 기울일 만하다. '우리가 자연을 보호할 때만 장기적으로 우리 자신의 인간성과 자유를 추구할 수 있을 것이다.' 인간은 미래지향적으로 생각하고 자극받기 위해 자연이 필요하다. '플랑크톤과 과일이 기술에 영감을 준다'라는 표현은 2014년 11월 28일자 《디 벨트》지에 실린 기사 제목이다. 관련 내용 중에는 예컨대 과학자들이 신형 항공헬멧을 개발하기 위해 어떻게 자몽을 이용하는지가 나온다. 자몽은 거품 형태의 부드러운 껍질이 완충작용을 하기 때문에 10미터 높이에서 콘크리트 바닥으로 떨어져도 터지지 않는 과일이다. 껍질 두께가 2~3밀리미터밖에 되지 않는데도 그렇다. 연구진은 어떻게 이런 껍질이 운동에너지의 90퍼센트를 흡수할 수 있는지 궁금했다. 이런 의문에서 출발한 아헨 공과대학의 과학자들은 독특하게 에너지를 집어삼키는 발포금속을 개발했다. 인베스트먼트 주조 기술을 통해 아주 가벼운 무게에서도 뛰어난 완충기능을 하는 소재를 만들어낸 것이다. 따라서 문제는 부피가 아니라 소재의 구성 요건에 달려 있다고 볼 수 있다. 이런 의미에서 생체공학은 자연의 과정을 복사하는 것이 아니라 자연으로부터 자극을 받아 물체를 신개발하는 것에 목표를 둔다.

'독창적'이라는 말은 창의적으로, 달리, 그리고 계속해서 생각한다는 의미다. 예를 들어 산우영 씨를 보고 짜증을 내는 대신 흥미롭게 관찰하고, 성냥갑을 촛대 기능이라는 다른 각도에서 바라보는 식으로, 지금까지의 생각에서 벗어나 계속 생각해보는 능력이다. 사물을 새로운 관계에서 바라볼 줄 아는 사람은 미래의 복잡한 문제도 다른 사람과 함께 해결할 것이다. 켄 로빈슨은 이렇게 말한다. "우리가 미래에 대해 유일하게 아는 거라면 그것이 현재와는 다를 것이라는 것이다. 이런 도전을 극복하기 위해 우리가 사용하는 자원에 대하여, 또 그것을 개발하는 방식에 대하여 완전히 다른 관점이 필요하다."[3] 예컨대 혁신적이고 창의적인 사고가 그런 자원에 해당한다. 우리 두 사람은 이렇게 값진 혁신이라는 '천연원료'를 우리 삶에서 요구할 수 있는지, 있다면 어떻게 요구할 것인지를 연구했다.

좋은 생각은 우연이 아니다

이 말은 인지심리학자 크리스토프 부르크하르트 Christoph Burkhardt가 혁신을 주제로 쓴, 읽을 만한 저서의 부제목이다. 그는 창의적 사고를 장려하기 좋아하며 그 자신이 훌륭한 본보기이기도 하다. 공감능력이 출중한 이 젊은이는 마치 샌프란시스코 해변에 앉아 기타를 튕기며 삶을 명상하는 데 시간의 대부분을 보낼 것 같은 인상을 준다. 부르크하르트는 뮌헨에서 박사학위 논문을 쓰는 와중에 비행기로 미국과 독일을 오가며 창의적인 혁신프로세스 분야에서 기업 컨설팅을 해준다. 우리 부부는 뮌헨에서 그를 만나면 무엇이 독창적으로 사고하는 사람을 만들어내는지, 혁신적인 사고는 무슨 의미인지 물어본다. 부르크하르트가 볼 때 독창적인 사고는 최초의 생각을 찾아내면 모색을 멈추는 것이 아니라 끊임없이 최선의 생각을 추구하는 것을 의미한다. 그 밖에도 자기 생각에 대해 지속적으로 타당성을 따져 물을 것을 강조한다. 무엇보다 필요한 것은 불안할지라도 다음 발자국을 과감하게 내딛는 용기다. 그는 자기가 하는 말을 분명히 인식한다. 뮌헨이라는 낯익은 고장을 떠나 활기찬 샌프란시스코에 살면서 다문화 사회와 대도시의 다양성에서 영감을 받는 길을 택했기 때문이다. 물론 샌프란시스코가 태평양 해안의 여름이라는 낭만적인 인상을 준다 해도, 안락한 환경을 버리고 떠나려면 용기가 필요한 법이다. 이질적인 문화와의 접촉은, 입증된 바와 같이 인간의 창의력에 영향을 주는 동시에 부르크하르트가 활용하려는 요인이기도 하다.

2009년 윌리엄 매덕스William Maddux와 애덤 갈린스키Adam Galinsky는 이 분야를 연구했다. 두 사람은 실험에서 학생들에게 유명한 둥커Duncker의 핵심문제를 해결하는 과제를 제시했다. 흥미롭게도 외국생활을 더 오래 한 학생일수록 문제 해결의 빈도가 높았다. 이종문화 간의 경험과 비교적 높은 창의력 사이에 뚜렷한 상관관계가 드러난 것이다. 이에 따라 두 학자는 문화와 언어, 사고의 적응 등, 장기 체류에서 요구되는 요인이 보다 창의적인 사고방식이나 혁신적인 행위로 이어진다는 결론을 내렸다.

독창적인 사고를 하는 사람은 실패 후 다시 일어나야 하는 적잖은 리스크를 감수한다. 심지어 이들은 아무 의미도 없는 생각을 즐기고 혼란한 상황에 그다지 문제를 못 느끼며 오히려 그런 기회를 이용할 줄 안다. 이상이 혁신연구가인 부르크하르트의 견해다. 그렇다면 창의적이며 혁신적으로 사고하는 사람은 유독 독창적인 사고방식이라는 특별한 재능을 타고난 별난 존재일까? 연구 결과는 한결같이 그렇지 않다고 대답한다.

창의적인 사고가 개인의 뛰어난 재능이 아니라는 건 반가운 소식이다. 사람은 누구나 내면에 그런 재능이 미개발 상태로 잠재해 있다. 사람의 뇌는 다 비슷비슷한 새로운 관계 안에서 사물을 보는 법을 배우는 사람은 미래의 복잡한 문제도 다른 사람과 함께 해결하게 될 것이다.

사고구조 안에서 활동한다. 우리 인간은 일정한 사고방식을 익히거나 회피하는 법을 학습할 수 있다. 물론 창의적 사고는 비웃음이나 조롱을 각오해야 하므로 도전적인 과제라고 할 수 있다. 또 실제로 혁신적인 생각이라고 해도 그 순간 즉시 잠재 가능성을 알아보는 사람은 드물다.

인간의 창의력을 촉진하는 문제에 매달리는 연구 분야가 몇 가지 있다.[4] 이와 관련된 자연의 예는 놀랄 정도로 많다.

자연스러운 창의력

아마 피곤한 대화를 나눈 다음이면 그 즉시 긴장을 해소하는 것이 제일이라는 것을 분명히 경험했던 적이 있을 것이다. 머릿속을 맴도는 생각들은 어쩌면 버스를 타기 위해 걸어가거나 자전거를 타는 도중에, 아무튼 야외에서 신선한 바람을 쐬고 얼굴에 비치는 따뜻한 햇살을 느끼는 동안에 말끔히 정리되었을 것이다. 창의적인 생각을 좋아하는 사람에게는 무조건 변화가 필요하다. 이것은 다른 환경을 경험하거나 다른 일련의 동작을 거치든가, 또는 아주 다양하게 의미를 불러내는 것에 달려 있다. 이를 위해 자연은 수도 없이 많은 변화의 예를 보여준다. 날씨만 하더라도 늘 똑같은 것이 없다. 자연 속에서 변화란 바로 기본프로그램에 속한다. 숲에서 보는 녹색의 나무나 바스락거리는 나뭇가지 혹은 나뭇잎의 색깔 등은 사람의 뇌를 자극하며 동시에 자극을 경감해주기도 한다. 이런 사실은 2003년에 발표된 일본학자들의 대대적인 연구로 확인되었다. [5] 이들은 14개 숲 지대에서 168명의 피실험자를 대상으로 연구를 실시했고 이 결과를 도심지역에 있는 비교집단과 비교했다. 숲에서 실험에 참여한 남녀는 기분이 더 좋아졌고 더 또렷한 생각을 할 수 있었으며 정신적으로 지구력이 더 늘어난 느낌을 받았다고 보고했다. 또 활력 또한 명백히 증가해 숲에서 지낸 뒤로 피곤한 느낌이 줄었다고 했다.

숲이 감각을 통해 인간의 정신에 영향을 주는 것은 분명하다. 녹색만 해도 희망과 생명을 상징하며 자연과 결합한다. 색채심리학에서는 녹색의 색조를 창의력의 증가로 분류하며 파랑색은 인지능력을 강화하는 것으로 본다. 또 우리는 숲에서 들리는 수많은 소음을 대개 잠재의식으로 받아들인다. 숲에서는 새들의 지저귐, 벌레들의 울음소리, 나뭇가지 끝에 스치는 바람, 나뭇잎의 바스락거림, 철철 혹은 졸졸 흐르는 냇물 등 온갖 소리가 들린다. 또 후각도 작동한다. 숲은 소나기가 온 뒤나 이른 봄, 새싹이 돋아나고 나뭇잎이 쑥쑥 자랄 때 가장 강렬한 냄새를 발산한다. 뿐만 아니라 숲속으로 쏟아지는 햇빛도 언제나 매혹적이다. 특히 가을로 접어들 무렵 투명하고 눈부신 늦여름의 햇살은 장관을 연출한다. 오감으로 환경을 인지하려면, 숲을 찾는 사람은 그에 걸맞게 정신을 집중하고 이런 인상을 민감하게 느낄 줄 알아야 한다. 하지만 무의식중에도 자연은 자극적인 동시에 온화한 방법으로 말끔히 정화작용을 한다. 이를 정확히 꿰뚫고 있는 생물학자 클레멘스 아르베이^{Clemens Arvay}는 이렇게 말한다. '자연은 행복감을 주고 긴장을 해소시키기 위해 우리의 머릿속을 신경생물학적 토대가 되는 미학적인 자극과 소리, 냄새로 가득 채운다.'[6]

캔자스 대학교의 루스 앤^{Ruth Ann}과 폴 애칠리^{Paul Atchley}, 그리고 이들의 동료인 솔트레이크시티 대학교의 데이비드 스트레이어^{David L. Strayer}는 자연에 머물 때 더 혁신적으로 사고할 수 있다는 것이 단지 느낌에 불과한 것인지, 아니면 사실인지를 밝히려고 했다. 이들은 실험참여자들과 여기저기를 돌아다녔다. 미국에는 알라스카와 메인, 콜로라도 등 이런 실험을 할 만한 곳이 많다. 실험참여자들에게는 각 열 개씩의 원격연상테스트^{RAT}를 과제로 주었다. 단어들을 보고 그 의미를 연상하는 테스트다. 가령 불운, 밤, 유머라는 단어는 어떤 개념에 어울리는가? 이런 문제였다. 여기서 답은 '블랙(검은색)'이었다. 단어연상테스트는 흔히 창의적인 사고의 연구에 쓰이지만, 지금까지 자연 속의 체류와 연관해서 이런 테스트를 실시한 연구자는 없었다.

실험여행을 하기 전에 테스트했던 비교집단은 과제를 제시했을 때 정답의 비율이 50퍼센트나 더 낮았다. 자연환경이 실험참여자들의 문제 해결 사고에 아주 유리하게 작용하는 것은 분명하다. 이 말은 개개인의 집중력을 담당하는 뇌 영역이 자연 속에서 저절로 회복되고 보다 나은 성취능력을 가져다주는 것이 분명하다는 의미다. 연구자들은 사람의 뇌가 다양한 방해요인과 동시에 벌어지는 사건의 영향으로 피곤해지는 근육과 같은 반응을 한다는 이론에서 출발한다. 드넓은 자연에서 잠시만 머물러도 사람의 뇌에서는 뚜렷한 긴장해소 현상이 나타난다. 이 실험에 참여한 사람들이 숲에 머무는 4일 동안 전자제품 없이 지냈다는 사실도 덧붙여야겠다. 이때 확실하게 단일작업(모노태스킹) 효과가 나타난다. 실험참여자들은 오프라인 상태로 지낸 것이다. 이들은 컴퓨터로 이메일을 확인할 수도 없었고 메일함을 열어보지도 못했다. 또 왓츠앱이나 페이스북으로 메시지가 들어오는 신호음도 들을 수 없었다. 신비한 동작처럼 보이는 다중작업(멀티태스킹)에서 벗어나기만 해도 뇌에는 다시 창의적인 사고를 위한 공간이 마련되는데, 이는 잘 알려진 방법이다.

많은 예술가는 야외에서 창의력이 촉진된다는 것을 알고 있다. 따라서 이들은 의도적으로 야외를 찾아 그림을 그리거나 시를 쓰거나 생각에 잠긴다. 예컨대 화가인 카스파르 다비트 프리드리히 Caspar David Friedrich는 매일 드레스덴 성문 밖에 있는 엘베 강 유역 사구협곡의 숲과 골짜기로 나갔다. 그곳에는 벼랑 사이, 드넓은 숲 사이로 신비롭고 음침한 협곡과 볼 만한 사암고원이 펼쳐져 있다. 오늘날 이 지역은 작센 스위스 국립공원이 되어 자연보호구역으로 지정되었다. 예술가 프리드리히는 의도적으로 도시를 떠나 직접 자연과 접촉하며 그림을 그렸다. 아마 그 때문에 그의 그림은 오늘날까지 사람의 마음을 잡아끄는 광채와 직접적인 자연의 냄새가 우러나오는 것일 것이다.

지금까지 보았듯이, 사람은 의도적으로 창의력을 자극할 수 있으며 그것을 위해 유익한 환경을 조성할 수 있다. 하지만 특정 시점에 곧바로 창의력을 불러내기란 어려운 일이다.

말하자면 창의적인 순간은 느닷없이 예기치 못했을 때 다가오는 경우가 많다. 따뜻한 물로 샤워하거나 회의 도중 졸면서 꿈을 꿀 때, 혹은 넓게 펼쳐진 풍경을 감상할 때 내면에 잠복해 있던 생각이 불현듯 떠오르는 것이다. 카페에 들어갔을 때 보이는 각양각색의 다채로운 행위, 음악 혹은 나지막이 소곤대는 사람들의 대화도 긴장을 해소시켜주는 느낌을 준다면 창의력의 동기가 될 수 있다. 바로 이런 것이 우리가 창의적으로 변할 수 있는 방법이다. 구글 같은 기업은 이런 방법을 유익하게 적용하기 위해 소속 발명가들에게 일주일에 하루씩 여가를 주어 골똘히 생각할 시간을 준다. 창의적으로 생각해야 한다고 해서 간단히 단추를 눌러 이런 사고를 불러낼 수는 없다. 또 비생산적인 사무실 분위기나 썰렁한 세미나실에서 그런 사고가 가능한 경우도 드물다.

가령 야외의 자극적인 환경이나 정신없이 어지러운 집 안의 방, 카페, 술집 탁자에 놓인 랩톱 같은 것이 필요하다. 어쨌든 뇌가 창의적인 여행을 하고 새로운 사고방식을 개척하기 위해서는 장소를 바꿀 필요가 있다. 구글은 모든 신제품의 20퍼센트는 바로 이렇게 골똘히 생각하는 사람을 위한 '여유시간' 중에 나온다는 사실을 확인했다. 말하자면 공식적으로는 근무 외 시간에서 나오는 셈이다. 그렇다면 왜 수많은 근무부서가 항상 냉난방 시설이 완비

된 사무실에 모여 생각을 위해 머리를 짜내고 힘들게 기업의 혁신을 도모하는 것인지……, 의문이다.

자가 체험과 독창적인 사고를 위하여

지금까지 과학자와 기업이 혁신과 창의력에 얼마나 큰 관심을 쏟는지 살펴보았다. 이것을 삶에 어떻게 적용할 수 있을까? 독창성을 위해 틀을 벗어난다는 것은, 뭔가 새로운 것에 호기심을 갖고 자신이 제자리를 맴돌거나 막다른 길로 빠질 때 그 길을 벗어나는 용기를 갖는 태도를 전제로 한다. 그렇다면 삶에서 이 '틀'에 해당하는 것은 무엇일까?

우리가 일상 혹은 틀에 박힌 일과로 표현하는 늘 똑같은 과정을 말하는 것일까? 숨 쉬는 공기를 빼앗고 당신을 붙잡아 울타리에 가두는 부부(파트너) 관계나 대가족을 말하는 것일까? 아니면 단지 돈을 벌기 위한 노동이나 주변의 누구나 그렇듯이 연금에 의존해 먹고사는 표준화된 삶을 의미하는 것인가? 우리가 삶을 바꾸지 못하면 삶이 우리를 바꿔놓을 것이다. 따라서 당신이 할 일은 뭔가를 바꾸기 시작하는 것이다. 적어도 바꾸려는 시도를 해보라. 배우는 것이 있을 것이다.

나는 오래전에 답답한 사무실에서는 더 이상 상담을 하지 않겠다고 다짐했다. 그래서 이 혁신적인 생각을 주변에 알렸다. 이제부터 앉아서 하는 미팅은 없을 것이며 '어디론가 나가는' 미팅만 있

을 것이라고. 사무실 가까이 있는 작은 공원
은 그러기에 안성맞춤이었다. 하지만 내 동
료는 그럴 준비가 되지 않았다. 그는 야외공
간에 적응하지 못했다. 구조적인 틀을 갖춘

내 눈에 들어오는 빛도
내가 살아 있는 덕분이다.
: 미하엘 포크트

사무실을 벗어나 컴퓨터가 없는 밖으로 나가면 불편해했다. '어디
론가 나가는' 이 미팅을 세 번 시도한 뒤 나는 그만 양보하고, 사
람은 많은 일을 혼자 할 수는 있어도 가치를 이해하지 못하는 사
람과는 같이할 수 없다는 결론을 내렸다. 이런 일은 혼자 가는 것
과 다른 사람과 함께 연합하는 것 사이에서 균형을 취하느냐가 관
건이다. 독창적 사고를 하는 사람은 물결을 거슬러 헤엄친다. 그
러자면 때로 고단하지만 생명력을 제공하는 원천에 닿을 수 있다.
우리가 경험한 바에 따르면 인생에서 중요한 결정을 할 때는 저
밖의 자연에서 토론하고 결론을 내리는 것이 가장 좋다. 맛보기가
필요한가? 나는 강변의 초원에서 청혼을 받았다. 우리 두 사람이
공동연구를 하기로 한 것은 루트비히스부르크의 시유림에서 결정
한 바다. 안식년을 갖기로 한 결정은 베를린 동물원에서 내렸으며
아시시 위로 우뚝 솟은 1,290미터 높이의 몬테 수바시오에서 그
결정을 재확인했다. 삶의 활력과 자기 안내를 위한 강연을 하고
저술가와 연사로 활동하겠다는 계획은 캐나다 쪽 트로피 산에서
세웠다. 삶을 되돌아보고 결정해야 할 때면, 언제나 우리는 호수로
산으로 바다로 나간다.

  삶은 유한하므로 소중한 것이다. 우리 두 사람은 뒷날을 기다리
지 않고 우리 눈에 고맙게 비치는 것이나 호기심이나 모험심으로

눈을 반짝 빛나게 만드는 것을 따라 매일 새로운 것을 찾는다.

당신의 눈은 언제 빛나는가?

스스로 생각하는 것이야말로 주류(메인스트림)라는 덫에서 빠져나오는 길이다. 자연은 매혹적인 다양한 모습으로 그런 동기를 제공하는 고귀한 현장이다. 사람은 자연에서 서로 모순되는 것을 다루는 법을 배우고, 유기체가 현상을 유지하기 위해 끊임없이 변해야 하는 이치를 깨닫는다. 베를린의 철학자 나탈리 크나프가 말하듯, 우리는 이 세상에 혼자 존재하지 않는다. '다른 어떤 시스템도 자연처럼 그렇게 오랫동안 그렇게 다양한 모습으로 시험을 거친 것은 없다. 자연을 연구하고 관찰하며 유추하는 곳에 삶에 대한 자극을 찾을 수 있는 최대의 가능성이 숨어 있다. (……) 우리 인간의 삶은 자연의 거대한 순환과 분리돼 흘러가는 것이 아니라 매우 밀접하게 맞물려 있다는 것을 잊으면 안 되기 때문이다.'[7] 여기에 자신에게 주어진 가능성을 알아보고 이용하는 인간의 실존적인 모습이 있다. 이것이 스스로 생각하는 사람이 되기 위한 첫걸음이다.

중요한 것은 '사람들이' 무엇을 행하고 말하는가가 아니라 당신 스스로 무엇을 진실하고 의미 있는 것으로 여기는가다. 소심한 사람은 자신의 기대가 충족될 때를 기다린다. 독창적으로 사고하는 사람은 자신의 생각과 행동, 느낌에 대한 책임이 자신에게 있다는 것을 안다. 그들은 자신을 가다듬어줄 수 있는 자연의 공간을 찾는다. 그러기 위해서는 단순한 지식뿐만 아니라 직관도 있어야 하는데, 지식과 직관은 인간을 풍요롭게 만들어주며 창의적인 사고에 중요한 역할을 한다. 직관은 무의식적인 지식이나 다양한 체험과 깊은 관계가 있다. 하지만 본능만을 따르는 사람은 사물을 왜곡되고 일방적으로 인지할 위험에 빠진다. 누구나 오랜 시간 자신을 돌아본다면, 직관과 현실에 적응된 지식의 훌륭한 조합이 나올 것이다. 장거리 여행을 하는 사람, 수도사, 순례자 혹은 여유시간을 즐기는 사람들의 말을 들어보면, 직관적인 지식이 끊임없이 자라나고 거기서 훌륭한 결정을 위한 판단력이 나오며 이를 통해 강력해진 자신감을 얻는다고 한다.

대학생인 우리 아들이 5개월간의 자전거 여행에서 막 돌아왔다. 이 아이는 친구와 더불어 베이징에서 출발해 키르기스스탄과 카자흐스탄, 우즈베키스탄, 투르크메니스탄 같은 중앙아시아 국가들을 지나 이란을 거쳐 유럽까지 계속 자전거를 타고 돌아왔다. 두 아이는 수많은 도전과 난관을 극복해야 했다. 이 과정에서 어떻게 직관 속에서 자신감이 생기는지, 자연에 대한 종속뿐 아니라 자연과의 유대감이 자라는지를 경험했다. 이들은 이상기후의 징조를 일찍 깨닫는 법을 새로 배웠고 표지판이 없는 구간에서도 하천의 흐름이나 산맥의 줄기에 따라 방향을 잡으며 길을 찾아냈다. 그리고 상황에 적응하기 위해서는 현장에 사는 사람과 짐승, 식물에 주목해야 하는 것을 깨달았다. 무엇보다 숙박할 곳을 찾을 때 자기 직관을 믿어야 한다는 것을 배웠다. 사막과 산맥, 어지러운 대도시와 낯선 국가들을 지나 1만 5,000킬로미터를 달린 두 대학생은 이렇게 말했다. "의지만 있다면 누구나 할 수 있어요. 개인적인 한계와 능력을 정확히 알고 여유롭게 자신의 직관을 믿는다는 전제에서 말이죠." 직관은 굳이 수도원에 들어가거나 순례 또는 모험여행을 떠나지 않아도 기를 수 있다. 때때로 오프라인 생활을 하며 의도적으로 적막의 시간을 갖거나 이따금 혼자서 의식적으로 긴장을 풀고 창의력의 원천으로 자연을 이용하면 된다.

전략적인 측면에서 '독창적인' 사고는 언제나, '나는 무엇을 위해 사는가?'라는 가슴에서 우러나는 물음으로 시작된다. 나는 무엇을 바꾸고 싶은가? 나는 무엇을 경험하지 못할 때 안타까울까? 이런 물음이 마음속에서 뜨겁게 솟구치고 그에 대한 답을 진지하게 구할 때만, 당신은 일상의 틀과 내키지 않는 행위, 불만스러운 관계, 단조롭고 무의미한 일상에서 벗어나는 힘을 얻을 것이다.

스스로 창조적인 경험을 하는 사람은 행복한 우연을 알아보고 자신을 위해 그것을 이용하는 사람이다. 최대의 성공적인 삶이란, 흔히 '나는 참으로 내 인생을 살았다'라고 말할 때의 그런 충족된 삶이다.

창의적으로 생각하는 사람은 다른 사람들과 달리 비바람을 피할 곳도 없고 실수를 저지를 위험이 도사리고 있는 길을 가면서 힘들어도 불리함을 감수한다. 에리히 프롬Erich Fromm은 "창의력은 안전에서 벗어나는 용기를 요구한다"라고 말한 적이 있다. 홀로 자기 길을 가는 사람은 보물을 찾을 것이다. 이것이 자신과 타인에 대한 신뢰이며 이른바 '성공 지향적인 태도'이자 확대된 내면의 사고 지평선이다. 자신의 가능성과 지적 능력이 고정되었다고 생각하는 사람은 실수를 하면 그것을 어차피 자신은 아무것도 할 수 없다는 증거로 판단한다. 그렇게 체념하고 스스로 성공을 체험할 기회를 망가트린다. 이와 달리 자신의 발전 가능성과 학습능력을 믿는 사람은 실수를 해도 달리 평가한다. 그렇게 보면 실수는 그로부터 배울 또 다른 가능성에 지나지 않는다.

창의적으로 다르게 생각하는 기쁨과 마찬가지로, 삶의 기술은 누가 가르쳐주는 법이 별로 없다. 그 두 가지는 평생 익혀야 할 과제다. 다음에 나오는 자극을 위한 '실행 코칭'과 함부르크의 인생학교 '모던 라이프 스쿨'의 설립자와의 인터뷰는 그런 과제를 모색해볼 용기를 줄 것이다.

실행 코칭

준비

알다시피 창의적인 발상은 산책 중에 떠오를 때가 많기 때문에 대개는 메모할 수단이 없다. 따라서 간단한 준비물로 조그만 메모장을 구입한다. 나도 하나 있다. 겉장에는 양각글자로 '좋은 생각'이라고 쓰여 있다. 만일에 대비한 아이디어 비망록이다.

그다지 필요 없는 사람은 스마트폰의 받아쓰기 기능을 이용해도 좋다. 조심할 것은 비행기 탑승모드로 되어 있지 않는 한, 스마트폰을 들고 나가는 것에는 위험요인이 있다는 점이다. 그것은 어쩌면 '언제나 빠질 수 있는 함정'을 스스로 파는 것이나 다름없다.

밖에서 혼자 있는 기술을 배워라

때때로 자연에서 혼자 있을 만한 장소 하나를 찾아보라. 그곳에서 홀로 있을 때의 맛을 음미해보라. 주변의 소음과 영향으로부터 당신 자신을 의도적으로 차단하는 것이다. 이때 당신은 청력을 얻는다.

당신 자신의 목소리를 다시 들을 수 있을 것이다. 또 스스로 '틀에서' 벗어나야 하는 건지, 혹은 자신의 삶이 보호받고 안전한 것에 고마워해야 하는 건지를 알게 될 것이다.

결론 : 독창적인 생각을 하는 사람과 자가 경험을 하는 사람은 자신의 목소리로 다가갈 필요가 있다.

창의적인 말을 수용하라

자신의 길을 생각하고 본받고 살도록 용기를 주어서 좋아하는 명언이 있다면, 그것을 눈에 확 띄도록 분필로 창문에 써놓아라. 그러면 매일 보면서 영감을 얻고 그 방향으로 나아가게 될 것이다.

몇 가지 예를 들어보면 다음과 같은 것들이다.

'내 눈에 들어오는 빛도 내가 살아 있는 덕분이다.'
'삶을 바꾸지 못하면 삶이 나를 바꿀 것이다.'
'특별한 일을 하기 위해서는 평범한 사람이 있어야 한다.'

아무것도 하지 않을 때 창의력이 나온다

사람의 뇌는 아무것도 하지 않는 단계를 거치면서 주의력을 회복한다. 이 사실을 인정하라. 아무것도 하지 않아도 된다는 말이다. 일절 아무것도 하지 마라. 바꿔 말하면, 방해를 받지 않는 시간대를 확보하고 모든 것을 내버려두는 연습을 하는 것이다.

간단히 5분 정도 틈을 내어 주변 환경을 인지한 다음, 눈을 감고 당신의 호흡 리듬에 주목하는 식으로 시작해보라. 이것이 집에서 힘들다면 무조건 밖으로 나갈 것을 권한다. 녹지대의 벤치도 좋고 예쁜 카페의 탁자 앞이라도 상관없다.

완고한 고집

가비 볼레, 피아 샤프와의 대화

고집을 부리는 것은 훌륭한 삶과 어떤 관계가 있는가? 야생을 동경하는 인간의 마음은 어디서 오는가? 지혜는 영리한 것과 같은 것인가? 성공과 성취는 어떤 관계가 있는가? 우리 두 사람은 이렇게 철학적이고 실용적인 삶의 문제에 관심이 많았지만, 둘 중 누구도 옛날의 철학책을 들여다보고 싶지는 않았다. 그때 한 친구가 철학자이자 베스트셀러 저자인 알랭 드 보통 Alain de Botton이 운영하는 런던의 '인생학교The School of Life'에서 제공하는 콘텐츠를 알려주었다. 철학을 낡고 비좁은 강의실에서 해방시키고 삶의 한가운데로 가져다 놓는 것이 드 보통의 혁신적인 성향이었다. 이런 생각은 요즘 지식정보사회의 시대정신에 꼭 들어맞는 것으로 입증되었다. '인생학교'의 강좌는 대부분 정원이 꽉 찬다. 하지만 런던은 멀고, 그래서 우리는 독일에도 비슷한 것이 있지 않을까 발품을 판 끝에 함부르크 도심에서 한 곳을 발견하게 되었다. 그곳에서 독일 유일의 철학적인 '인생학교'라고 할 '모던 라이프 스쿨'의 주인들은 생각하는 법뿐 아니라 웃기, 철학적으로 사색하기, 읽기, 발견하기, 즐기기, 놀라기, 의심하기, 만나기, 놀기, 꿈꾸기 같은 것들을 가르치고 있었다. 그들은 인생을 음미하는 생각을 제공하고 있었다.

피아 샤프Pia Schaf와 가비 볼레Gaby Bohle는 현상에 의혹을 품는 사람들이다. 그들은 독창적으로 생각하고 지혜롭게 현상의 배후를 캐묻는 법을 배웠다. 이런 수단을 통해 다른 사람들을 도와주는 일에 엄청난 정열을 쏟는다. 그 일을 위해 흥미로운 인물이나 당대의 철학자와 저자들을 세미나 혹은 강연의 '교사'로 초빙하고 엄선된 문학과 대화, 네트워킹의 기회를 인생학교의 공간에서 제공한다. 이들이 중년의 나이에 개인적으로나 경제적으로 자기세계를 고집하는 것은 비록 간단치는 않지만 의미 있는 모험인 것만은 확실하다. 그럼에도 불구하고 이 두 여성은 제자리를 올바로 찾았다는 느낌을 갖고 있다. 두 사람은 '모던 라이프 스쿨'이라는 조화로운 공간을 훌륭한 삶의 장소로 만들고 있다. 인생학교에서 강연을 마치고 나면, 우리는 이 주인들이나 몇몇 참여자들과 함께 앉아 밤늦게까지 어울린다. 물론 실내이기는 하지만 이런 날은 풍요롭고 '틀에서 벗어나는' 독창적인 밤이다. 선견지명을 갖고 창의적으로 사고하는 두 여성이 우리의 질문에 시간을 들여 대답하는 것이나 그들의 답변이 창의적으로 다음의 사고를 유혹하는 그 시간이 즐겁기만 하다.

두 분이 '모던 라이프 스쿨'을 설립하기로 결심했을 때, 각각 어떤 '틀'에서 벗어난 것일까요?

● 가비 볼레   우리는 소비자적인 사고방식과 사회적 신분이라는 틀에서 과감히 벗어나기로 했습니다. 광고회사 사장이던 저는 사회적으로 자리를 잡고 있었죠. 그러다가 그때까지 독일에 존재하지 않던 '인생학교'의 설립자로서 그 사회적 틀을 벗어난 거예요. 그 자체로 도전이었고 용기가 필요한 일이었습니다.

● 피아 샤프   진정 무엇을 할 것인지, 무엇으로 먹고살지, 제대로 판단할 수 있는 사람은 없습니다. 이 문제는 가족이나 친구들과의 관계에서 불확실성을 야기하죠. 우리는 의미를 충족하고 효과적인 노동을 통해 꿈을 실현하기 위해 불확실한 것을 감수한 겁니다. 그 밖에도 우리 자신의 관점을 대대적으로 바꿨어요. 제 경우로 보자면, 저는 의미의 문제를 제기했고 요즘 사람들에게 물건을 구입하는 대신 생각을 하도록 유도하고 있답니다.

두 분은 유명 인사나 당대의 철학자들을 '교사'로 초빙했습니다. 그들 중에 독창적으로 생각하는 사람은 누구며, 우린 그들에게 무엇을 배울 수 있는지요?

● 피아 샤프   제가 볼 때는, 베를린 출신의 젊은 여성 철학자이며 저자인 나탈리 크나프예요. 자연이 변화하는 힘, 전반적인 자연의 해결전략에 대한 그의 생각을 저는 엄청난 영감의 소재로 봅니다. 나탈리는 생각을 멈추지 않아요. 예를 들어 삶이나 자연에서, 낡은 규칙이 통하지 않고 본질을 위해 문을 활짝 여는 창의적인 자기계

발의 가능성을, 어떤 변화를 통해 만들 수 있는지 궁금해하지요. 그로부터 저는 인간이 오랜 개인적 이기주의에서 벗어나 세계 공동체로서 우리라는 공동체 의식을 향해 자신을 개방해야 한다는 것을 배우고 있습니다.

● 가비 볼레   바로 거기서 창의적인 사고가 나오죠. 우리는 모두가 분명하다고 믿는 것에 의문을 품고 캐묻는 사람들을 초빙합니다. 철학자이자 생물학자인 안드레아스 베버 박사가 그렇습니다. 그는 철학자로서 살아 있는 모든 것의 관계에 물음을 던지고, 생물학자로서 완전히 개방된 토론을 통해 얻은 생화학적인 부분에서 대답을 찾습니다. 정신적으로 새로운 방법으로 우리를 잡아끄는, 생각의 폭이 넓은 사람이죠. 이런 사람들로부터 우리는 배울 게 있습니다. 그들의 관점에서 보면 불안에서 벗어날 수 있고 인간의 미래에 대해 비판적인 주제를 제기함과 동시에 유익한 행위의 단초를 발견할 수 있으니까요.

그런 것들은 '모던 라이프 스쿨'의 강연이나 강좌에 참여하는 사람들에게 어떤 의미가 있나요? 또 그들은 집으로 돌아갈 때 무엇을 가져갈 수 있는지요?

우리가 본 참여자들은 세 부류로 나뉩니다. 첫째는 기꺼이 철학적으로 사색한 다음 그 생각을 놓고 다른 사람과 대화하는 사람입니다. 둘째는 답을 찾고 있는 사람입니다. 이들은 실제로 생활과 관계된 문제가 존재하고 그에 대한 답을 찾고 있죠. 우리에게 준비된 간단한 답변이 없고 스스로 생각하도록 자극을 줄 때는 좌절하는 사람이 많아요. 세 번째는 '모던 라이프 스쿨'의 분위기에 매혹된 참여자들이죠. 이들은 혁신적인 유행을 따르고 깊이가 있으면서도 동시에 개성적이고 가치가 넘치는 현장에 있고 싶어 합니다. 보통 우리는 참여자들이 아이처럼 엄청난 호기심으로 세상의 의미를 캐묻는 것을 좋아해요. 그것은 참여자들이 활용하고 삶을 위한 자극제로 가져갈 수 있는 발전 가능성으로, 생각에 도움을 주거든요.

많은 사람이 대답을 찾아냈고 이제는 질문을 제기하기 시작합니다. 또 다른 사람들은 영감과 삶의 기술을 찾고 있습니다.

철학은 대화와 사색을 통해 행복한 삶으로 안내하는 것이라고들 말합니다. '모던 라이프 스쿨'에서 철학적, 독창적으로 사고하는 사람들과 지내는 시간이 두 분의 삶에는 어떤 영향을 줄까요?

● 가비 볼레   제 경우에는 독창적인 사고보다 스스로 생각하는 것이 중요합니다. 간단히 말해 저는 제가 생각하는 전부를 믿지는 않아요. 저는 무조건 더 행복한 사람이 아니라 더 의문을 품고 더 깊이 생각하며 더 용기를 갖는 사람이 되었어요. 때로는 많이 알수록 인생이 더 복잡해지죠.

● 피아 샤프   예를 들자면 저는 숲에서 나무를 벨 때 나는 냄새를 좋아했죠. 따지고 보면 나무의 피를 생각하는 겁니다. 노골적인 표현인지는 모르지만, 동물의 삶과 사람의 삶의 관계를 좀 더 깊이 파고들다 보면 그런 생각을 하게 되죠. 주변의 세계는 더불어 사는 세계가 됩니다. 인간은 다른 사람이나 자연과 어울리지 못할

때 가치를 상실하지요. 참여자들이나 흥미로운 철학자, 저자들과의 만남은 제 시야를 넓혀줍니다. 이런 생활에 깊이 빠지다 보면, 이 일을 생계유지 수단으로 삼는 것이 가능해집니다. 물론 힘들 때도 있지만요. 우리 두 사람에게 이 인생학교에서 이루어지는 거래는 사업모델 이상의 의미를 지닙니다. 마음에서 우러나서 하는 일이라는 말이죠. 일정한 매출을 올리면, 직업과 소명감을 충족하는 거예요. 일이 늘어남과 동시에 깊은 만족감을 맛본다는 말입니다.

보통 때와는 달리 창의적으로 혼자 생각한다는 것은 쉽지 않은 일입니다. 다수의 의견을 따르지 않고 난관을 피하지도 않는 태도가 필요하죠. 이렇게 자신만의 길을 가려는 사람에게 들려줄 말이 있다면요?

● 피아 샤프   스스로에게 본질적이고 힘을 북돋아주는 것이 뭔지 알고 있는지를 끊임없이 자문해보세요. 그런 다음 가능하면 이런 인식에 바짝 달라붙는 겁니다. 주의 깊게, 또 고마워하는 태도로 살면 당당히 자신만의 길을 가는 데 도움이 됩니다. 그 밖에 우리 둘에게는, '스스로 생각하는 사람'으로 느끼는 시간 속에 홀로 존재할 때, 신앙이나 기본적인 신뢰감이 엄청난 힘의 원천으로 작용해요. 제 경험으로는, 그럴 때 사람은 더 강해지고 더 창의적으로 변하죠. 창의적인 사고는 결코 어려운 것이 아닙니다. 그런 상황을 훈련으로 익힐 수도 있어요. 이런 방식으로 배운 것을 피카소 식으로 표현하면, '빨강색이 없으면, 그냥 파랑색을 집어라!'라는 겁니다.

'모던 라이프 스쿨'이나 두 분에게 필요한 창의적인 사고는 어떻게 생기나요?

● 피아 샤프 　　디자인이나 아름다운 것, 동물과 가까이 지내는 것 등능, 창의적인 자극을 주는 것들은 많아요. 또 자연과 인간을 융합할 필요도 있고요. 보람 있는 대화 역시 개를 데리고 자연 속을 산책하는 것만큼이나 자극을 줍니다. 그러면 창의력이 생기죠.

● 가비 볼레 　　저는 숲속에서 삽니다. 제게는 자연이 영감의 거대한 원천이죠. 중요한 것은, 새로운 아이디어를 개발하고 이것을 현실에 적용할 때, 제가 자기혁신의 가능성을 만들어낸다는 겁니다. 밖에 나가 글을 쓰거나 사진을 찍을 수 있을 때 저는 행복합니다. 언제나 디자이너로서 눈을 뜨죠. 또 언제나 사물과 인간관계를 받아들입니다. 숲속이든, 도심 속이든, 서점이든 건축 자재상이든 가리지 않아요. 버스를 타고 갈 때나 식사를 할 때나 산책을 할 때나 똑같아요. 디자이너는 기존의 구조에 도전하고 새로운 답을 찾아다니며 정해진 한계를 벗어납니다.

최근에 시도한 '마시면서 생각하라'라는 창의적인 프로젝트는 즐기는 시간과 철학적인 대화를 접목하고 있습니다. 어떻게 와인과 야생이라는 테마를 결합할 생각을 했는지요?

● 가비 볼레 　　여기서는 다시 생각하기와 마시기라는 두 가지 열정이 만나고 있습니다. 이것은 '와인을 가져와라, 우리는 인생을 논해야 한다'라는 말로 가장 간결하게 표현됩니다. 생각한다는 것이 늘 힘든 것만은 아니고, 좋은 백포도주나 적포도주를 적당량 곁들

44

일 때는 한결 쉬워질 때도 많아요. 고대 그리스인들도 알던 얘기
죠. 우리는 마음에 와닿는 주제를 즐기면서 사색하는 것입니다. 그
러므로 우리는 자연이나 지혜, 사랑, 고향, 우정같이 곰곰이 생각
해보거나 미리 생각해볼 만한 흥미로운 주제를 기꺼이 받아들이
죠. 예컨대 안드레아스 베버 박사 같은 철학자는 야생에 대해 골
똘히 생각하고 나서 이 주제를 최종적으로 야생이 의미하는, 현
실과 마주치는 공간에 세웁니다. 그러면 야생의 윤리가 '신중함과
풍속, 양식'이라는 토대에 세워질 수도 있는 거죠. 그때의 윤리는
신성불가침이라는 과대망상이나 탐욕 혹은 환상을 떨쳐버립니다.
각 주제마다 우리는 독일의 13개 포도재배 지역에서 각각 적당한
맛을 내는 특정 와인을 제공할 수 있는 재배자를 찾습니다. 전체
적으로 이 프로젝트를 관리하는 것이 저에게는 큰 기쁨이에요.

● 피아 샤프   아이디어를 계획에 맞게 꾸미고 실용화하는 것은 힘
든 일이죠. 참여한 손님들은 와인과 물, 치즈, 페스토가 차려진 긴
식탁에 자리를 잡습니다. 참여의 자극이 주어진 공동체와 철학적
인 대화가 형성되는 거죠. 이 밖에도 우리가 생각해낸 자극적인
질문거리가 있어요. 이런 밤이면 독창적으로 특히 혼자서 생각하
는 시간을 갖게 되는 겁니다.

피아 샤프와 가비 볼레는 '모던 라이프 스쿨'의 공동창립자다. 사진작가인 가비 볼레는 디자이너
로 활동하기도 했다. 전에 광고회사를 운영했던 피아 샤프는 요즘엔 철학자이자 인생학교의 교
사 노릇을 한다. 두 사람은 함부르크에 살고 있다. www.modernlifeschool.org

제2장

시간의 압박에서
벗어나라

시간의 복지를 누려라

여가!

여행 가방을 가득 채웠다. 차에도 짐을 잔뜩 실었다. 드디어 휴가를 맞아 밖으로, 밖으로 나간다. 몇 주 전부터 이 순간을 위해 살아온 것이나 다름없다. 스웨덴 북쪽의 드넓은 자연을 꿈꾸며, 일정표에 들어간 자유를 동경하며.

　우리는 먼동이 틀 때 출발해 계속 교대해가며 운전했다. 지금은 내가 운전대를 잡고 지난 몇 주간 그랬던 것처럼 왼쪽의 추월선을 따라 고속으로 차를 몰고 있다. 목적지가 가까워 온다. 킬에서는 여객선이 우리를 기다리고 있다.

　갑자기 날카로운 경고신호가 울린다. 동시에 눈앞의 경고등이 번쩍인다. 깜짝 놀라 연료계기판을 보니 바늘이 완전히 0을 가리키고 있다. 어떻게 이런 일이 벌어졌는지 생각할 겨를이 없다. 머릿속이 하얘지고 지금 즉시 차가 멈추기 전에 갓길로 차를 몰아야 한다는 생각뿐이다. 재빨리 측면거울을 본 다음 나는 차선을 세 개나 바꾸면서 자동차들 사이를 뚫고 바깥쪽 갓길로 향했다. 단 1초라도 아껴야 한다. 파워 스티어링과 브레이크 부스터 이상으로 운전대와 브레이크가 말을 안 듣는다. 마치 수톤의 무게 때문에 방향조절이 힘든 탱크가 점점 더 빠르게 가속도가 붙는 느낌이다. 저 앞에 보이는 출구로 빠져나가기에는 속도가 너무 빠르다. '커 브 길에서 미끄러지겠어. 속도가 너무 높아'라는 생각이 머리를 획 스치고 지나갔다.

다행히 이쪽 출구는 아우토반과 평행 방향으로 고지대를 올라가게 되어 있고 교차로 신호등까지 이어진다. 바로 그 끝 지점에서 차가 멈춘 것은 거의 기적이었다. 차 안은 쥐죽은 듯 고요했다. 나는 떨리는 손으로 운전대를 놓았다. 어떻게 연료가 완전히 바닥날 때까지 몰랐을까? 어떻게 뻔히 보이는 경고신호를 지나쳤을까? 도대체 무슨 생각을 하느라고 연료를 깜빡했을까?

이 경험은 우리를 일깨워주었다. 내 속에 있는 나 자신의 에너지탱크가 이처럼 비게 되면 무슨 일이 벌어질까? 내가 지금처럼 경고신호를 못 보고 지나친다면? 나 자신도 자동차처럼 주유소를 찾거나 휴게소를 이용하고 휴식을 취하면서 속도를 줄여야 하지 않을까? 삶에서 사용하는 시간 관리에 대한 의문이 휴가가 끝난 뒤에도 우리를 따라다녔다. 그런 의문은 우리 두 사람이 여유시간을 가져야 한다는 깨달음으로 이어졌다. 계속 일하는 데만 시간을 쓸 수는 없는 노릇이다. 육체적으로나 정신적으로 한계에 부딪쳐 탈진하지 않으려면, 우리는 자신의 배터리를 충전해야 한다는 것을 염두에 두어야 한다. 이런 자각과 여가라는 주제에 대해 많은 조사를 한 다음, 1년간 시간의 리듬을 바꿔보자는 결심을 하게 되었다. 리듬 전환은 시대의 흐름이다. 자연은 계절별로, 월별로, 나아가 밤과 낮의 교체에 이르기까지 어떻게 리듬이 바뀌는지 보여준다. 끊임없이 활동적인 것은 해롭다. 크고 작은 휴식은 구조적인 안정을 가져다주고 유연성도 키워준다. 가족과 함께한 시간이라도 아주 사적인 시간을 갖고 싶을 때, 일정표에 '나를 위한 시간'을 기입하는 것이 중요한데도 우리에게는 이런 경우가 너무 드물었다. 우리는 갑갑한 일상의 여러 관계로부터, 빡빡한 일정과 의무로부터, 순수한 시간의 충족 속으로, 스스로 책임지고 꾸미는 시간 속으로 들어가고 싶었다.

> 시인이 묘사하듯 나는
> 나무처럼 나이를 먹고 싶네.
> 들판 위로 우뚝 솟은
> 우뚝, 우뚝, 우뚝, 우뚝 솟은
> 수관을 지닌
> 나이 든 나무처럼.
>
> : 록밴드 '푸디스'의 노랫말

　그것은 오랜 계획 끝에 어렵사리 내린 결정이었다. 일상에서 해방되는 것이고 직장을 그만두는 것이며 집안 살림도 포기하는 것이기 때문이었다. 우리는 일상으로부터 급격히 일탈함으로써 안식년의 개척자가 되었다. 이 기간에 우리가 보여준 근무시간 모델은 아직 이용가치가 알려진 것도 아니었고 회사로부터 지원받는 것도 아니었다. 또 회사는 그런 근무 형태를 제공하지도 않았다. 하지만 선구자적 모델로서 과감하게 안식년을 찾고 이것을 알려준 사람들이 있었다. 이들의 창의성과 행복수준이 올라갔다는 감동적인 보고, 전향적인 사고는 가족으로서도 일시적으로 과감한 일탈을 감행할 용기를 주었다. 우리가 시간과 일정표에 따라 계획할 수 있는 일은 숱하게 많지만 개인적으로 누리는 시간을 입맛대로 조절할 수는 없다. 그러려면 시간적인 여유공간이 있어야 한다. 많은 시간전문가들은 이런 시간을 유난히 효과가 큰 육체적, 정신적 에너지 충전소로 여긴다. 바로 여기서 우리 자신을 충전하고 싶었다. 비유적으로 말해, 삶의 긴 기간을 책임지려고 한 것이다.

나무가 나이를 먹듯: 자연스럽게 시간에 다가가기

스웨덴 달라르나 지방의 산악지대에 있는 황량한 폴루프옐레트에는 세계에서 가장 오래된 나무가 서 있다. 스웨덴 우메오 대학교의 과학자들은 이 가문비 나무의 나이를 9,550살로 추정한다. 그렇다고 그곳에 울퉁불퉁하고 어마어마한 굵기의 거대한 나무가 자라고 있을 것으로 생각하면 오산이다. 거의 초라한 느낌을 줄 정도로 볼품없는 이 가문비 나무는 아주 오래된 뿌리에서 자라는 것으로, 이 뿌리에서 가지를 둘러싼 일종의 가문비 덤불이 계속 생긴다. 즉 이 나무는 잔가지를 통해 번식하는 것이며 그런 식으로 수천 년 동안 생명을 이어온 것이다. 이는 지난 수백 년 동안 나온 새 가지가 전체의 일부로서 여전히 활동을 계속하며 생기를 잃지 않는 태고의 나무뿌리에 속한다는 것을 의미한다. 이것으로 뿌리가 나무와 나무의 생존에 얼마나 중요한 것인지 분명해진다. 뿌리에 정보가 축적되고 거기서 화학적인 활동을 통제한다. 또 생성과 소멸을 결정한다. 자연을 돌아보면 매혹적인 시간 리듬의 다양한 모습과 마주치게 되는데, 우리는 여기서 인간의 시간 관리에 대한 비유를 이끌어낼 수 있다.

우리는 자연을 보면서 덧없고 단명한 삶이 어떤 것인지 알게 된다. 또 다른 측면에서는 시간을 이용하는 동식물의 끈질긴 의지를 읽는다. 황새는 이른 봄에 돌아오자마자 둥지를 수리한 다음 알을 낳고 어린 새끼가 부화해 부리를 둥지 밖으로 내밀 수 있을 때까지 돌본다. 이것은 탄생과 죽음의 순환을 의미하는 것이며 수많은 생명의 시간 리듬이 보여주는 한 예일 뿐이다.

해마다 우리는 기러기 같은 철새가 가을이면 남쪽으로 떠나는 것이나 활엽수가 줄기에 수분 공급을 차단해 나뭇잎이 물들며 마침내 잎이 떨어지는 것, 또 그로 인해 눈앞에 겨울이 다가오는 모습을 되풀이해 관찰하며 깊은 인상을 받는다. 이런 식으로 동식물은 폭풍과 얼음, 눈으로 뒤덮이는 힘든 시기를 준비한다. 무성한 나뭇잎이 없다면 나무는 바람에 쓰러질 걱정을 덜 것이고 눈이 내릴 때도 앙상한 가지에 분산시켜 눈의 무게를 견딜 수 있을 것이다. 이른 봄에 나무는 언제 따뜻한 날씨가 찾아와 새싹을 틔울지를 어떻게 알까? 나무가 시간 감각을 갖고 있는 것일까? 이런 의문에 관심을 쏟는 학자 중에는 삼림학자인 페터 볼레벤Peter Wohlleben이 있는데, 그는 나뭇잎의 새싹은 온도뿐만 아니라 낮의 길이와도 상관있다고 말한다.[8] 아마 꽃봉오리도 민감하게 빛을 받아들이는 능력을 갖추고 있을 것이다. 자연애호가이며 저술가이기도 한 볼레벤은 가령 너도밤나무의 긴 성장 기간은 강한 생명력과 몹시 단단한 재질을 만든다고 구체적으로 설명한다. 그 말에 우리는 사람도 삶의 여러 단계마다 좀 더 시간을 끌면 더 안정되고 더 저항력을 갖추게 되지 않을까라는 의문이 절로 든다. 교육이나 인간관계라는 측면에서 볼 때, 빠른 것이 늘 질적 수준에 도움이 되는 것은 아니다. 많은 사물은 자체적으로 필요한 시간이 있으며 자연은 그 진행과정을 인위적으로 단축하는 대신 그대로 시간을 들이는 것이 가치 있음을 보여준다. 풀을 잡아당긴다고 빨리 자라는가 말이다.

수면 및 휴식의 가치도 자연에서 직접 확인할 수 있다. '나무도 수면을 방해받을 때는 사람과 유사하게 반응한다.'[9] 이런 이치는 왜 조그만 활엽수를 집 안의 화분에 담아 기를 수 없는지를 설명해준다. 이런 나무는 아무리 잘 가꾼다 해도 집 안에서는 지속적으로 스트레스를 받고 비교적 빠른 시간에 시들기 때문이다. 구근화초는 어둡고 서늘한 지하에서 가장 안정을 취할 수 있다. 많은 동물의 겨울잠과 식물의 겨울 휴면은 각 생명체가 적당한 때에 다시 싹을 틔우고 자라고 번식하기 위해 새로운 힘을 모을 수 있는 단계에 해당한다. 우리 인간 또한 자신의 독특한 생체시간을 가진 자연의 존재다. 수면과 휴식은 건강을 유지하기 위한 존재의 본질에 속하는 것이다. 자연의 리듬을 계속 중단하거나 무시하게 되면 병이 생긴다. 따라서 교대근무를 하는 직업군 혹은 표준시의 변화로 시차증에 노출된 사람들은 특별한 보호기나 회복기가 필요하다.

사람은 생물학적 리듬을 부인할 수 없는 법이며 시계가 모든 시간을 규정하는 듯 행동해서도 안 된다. '우리는 자연의 시간을 주목해야 하며 그와 더불어 문화적으로 발달한 시간과 상호작용하는 신체시간의 인간적 특징에도 주목해야 한다.'[10] 경제심리학자인 엘마르 하첼만Elmar Hatzelmann과 경제학자 마르틴 헬트Martin Held가 이런 태도를 옹호한다. 달리 표현한다면 작가 도스토예프스키의 말이 이를 잘 대변한다고 할 수 있다. '좋은 시간은 하늘에서 떨어지는 것이 아니라 우리가 스스로 만들어내는 것이다. 그것은 우리의 마음속에 들어 있다.' 우리가 어떻게 시간을 대하는가의 문제는, 따라서 시간 자체와는 별 상관이 없고 오히려 우리 자신과 우리의 시간 관리 능력이 말해준다고 할 수 있다.

시간 :
소중한 재산

안식년을 갖기로 결정했을 때 우리는 많은 질문에 답해야만 했다. "당신들 왜 이러는 거야? 아무리 캐나다의 야생을 동경한다 해도 휴가 가서 얼마든지 경험해볼 수 있지 않아? 왜 모든 걸 지도에만 의존하고 안정된 생활을 포기하려고 하는 거지?" 등등. 많은 질문이 성가신 것들이었지만 도움이 되는 것도 많았다. 가장 마음에 드는 질문은 가령 "그래서, 가장 기대하는 것은 뭔데?"처럼 미래에 관한 것이었다. 그러면 우리 둘은 지금도 기억나지만, 거의 도취된 상태에서 이렇게 대답했다. "우리는 설레는 마음으로 시간의 바다를 기대해. 용도가 정해지지 않은 자유로운 시간, 인생을 위한 시간 말이야."

안식년 이후 5년의 세월이 흐른 지금, 우리는 집이든 직업의 현장이든 일상적으로 우리가 있는 바로 그곳에서 용도가 정해지지 않은, 자유로운 시간이 허용되는 것을 크게 의식하면서 살고 있다. 우리의 삶에서는 이것이 가장 중요하다. 안식년을 갖지 않았다면 1년 365일이 언제나 똑같은 시간으로 다가올 것이 너무도 분명했기 때문이다. 우리는 매일 새로운 하루로서 24시간, 1,440분, 8만 6,400초를 선물받으며 살고 있고 이것이 우리를 시간의 여왕으로 만들어준다. 우리는 매일 아침 이런 하루의 시간단위라는 예금계좌를 기대하며 그것을 먹고살 수 있다. 이것이 시간의 바다 아니겠는가! 다만 거기서 남겨두는 것은 전혀 없다.

가장 효율적인 방법을 동원한다 해도 거기서 더 많은 시간을 만들어낼 수 있는 사람은 없다. 우리가 영향을 줄 수 있는 유일한 것은, 우리가 이 시간을 어떻게 사용하는가, 또 초 단위로 이루어진 이 시간의 바다에 더 많은 삶의 기쁨과 삶의 질, 의미의 경험이 내포되어 있는가의 여부다.

캐나다에서 보낸 안식년은 내 인생의 시간이 두 배로 늘어난 듯한 느낌을 준다. 우리는 여전히 그동안 축적된 경험과 우리가 시간을 들이는 대화, 그리고 그것을 통해 돈독해진 가족의 유대를 먹고산다. 그동안은 내용이 풍부한 시간이었으며 길이보다는 집중의 강도가 더 중시되는 시간이었다. 시간은 금보다 고귀한 것이고 이런 인식은 그 자체로 우리에게 인생 전체를 대하는 척도가 되었다. 그런 생활을 통해 다음과 같은 글이 나왔다.

> 시간은 금보다 소중하다.
> 시간은 돈을 주고 살 수도 없고 늦추거나 늘릴 수도 없다.
> 시간은 모든 사람에게 골고루 분배된 재산이다.
> 하루는 누구에게나, 어디서나 24시간이다.
> 시간은 아무나 벌어들일 수 없는 선물이다.
> 당신의 시간이 소중한지 아닌지는 당신이 결정한다.
> 당신은 시간을 채우고 꾸미고 체험할 수 있다.
> 또 흘러가게 할 수 있고
> 죽여 없애거나 희생시킬 수도 있다.
> 자유롭게 사용하고 스스로 형태를 가다듬은 시간은
> 우리의 삶에서 최고의 부에 해당한다.
> 인생을 위한 시간, 여기서
> 뭔가 특별한 것을 만들어라.

안식년을 갖기까지 특히 올라프는 시간에 광적으로 집착했다. 그는 정밀한 전파시계를 즐겨 차고 다녔을 뿐만 아니라 행동도 시계에 맞췄다. 이 값비싼 시계는 마치 그것만 기다리고 있다는 듯, 밴쿠버행 항공여행에 기능을 맞춰놓고 있었다. 그 이후 이 시계는 우리가 세미나에서 사용할 자료가 담긴 상자에 상징적인 경험의 산물로 들어 있다. 올라프는 그때부터 시계 없이 지내고 있으며 내가 볼 때는 시간을 좇는 광신자에서 시간을 즐기는 애호가로 변신했다. 구조적인 시간에 관심을 쏟았고, 필요하다면 태양의 경로까지 정확히 말할 수 있을 만큼 그동안에 시간을 몸으로 터득한 사람으로 변한 것이다. 이와 반대로 나는 시간에 대해 분열된 태도를 보이고 있다. 나는 어떤 과제에 매달릴 때는 시야에서 완전히 시간을 놓친다. 가령 책을 쓸 때가 그렇다. 이때는 내 공동저자가 다정하게 일러주지 않는 한, 먹거나 잠시 쉬는 것도 잊어버린다. 다른 한편으로는 꼼꼼하게 계획을 세우며 대부분 분 단위까지 일정을 쪼갠다. 전에는 그렇지 않았다.

당신은 당신의 시간과 어떤 관계에 있는가? 시계는 얼마나 자주 들여다보는가? 정확한 시간은 당신에게 얼마나 중요한가? 기다릴 때는 마음이 느긋한가, 초조한가? 말할 때나 식사할 때나 걸음을 걸을 때의 속도는 얼마나 되나?

이 모든 것은 한편으로 문화적인 배경에서 나오는 것이지만 동시에 개인적인 인생관과도 관계있는 것들이다. 증명할 수는 없지만 우리는 마을 변두리에 살거나 자연에서 사는 사람이 더 느긋한 태도로 시간을 대한다고 추정할 수 있다. 이와 반대로 대도시에 사는 사람은 대개 생활의 속도가 숨 가쁘게 돌아간다. 켐니츠 공과대학의 연구에 따르면, 이동속도는 단순히 나이나 개인 건강에 따른 문제만은 아니다. 이 연구책임자는 결과를 다음과 같이 요약한다. '우울하거나 미래에 그다지 의미를 부여하지 않는 사람은 더 천천히 걷는다. 끊임없이 최선을 추구하면서 개인적인 행복을 최우선시하는 사람은 더 빨리 걷는다. (……) 걸음걸이는 사람이 살면서 문화적으로 뿌리내린 일반적인 생활속도를 반영한다고 말할 수도 있을 것이다.'[11] 여기서 우리는 시간의 물리적인 크기만 중요한 것이 아니라 우리가 시간을 대하고 그에 대해 말하는 방식이 우리 자신과 개인적으로 밀접한 관계가 있다는 결론을 내릴 수 있다. 문제는 그런 관계 이면의 가치와 삶에 대한 태도라고 할 수 있다.

시간을 찾아서

시간은 물리적인 크기이자 사건의 경과를 재는 단위이기도 하며 초 단위로 측정이 된다. 하지만 철학적인 혹은 심리학적인 의미를 묻는다면 전혀 다른 대답을 할 수도 있다. 철학자들은 2,500여 년 전부터 시간의 본질에 의문을 품었다. 플라톤은 시간을 영원한 것을 그대로 반영하는 것이라고 말했고 헤라클레이토스는 시간을 노는 아이라고 불렀다. 상대의 시간을 좌우하는 사람이 그 상대를 지배한다는 이유로 시간을 권력으로 보기도 했다. 시간은 유한한 자원이며 되돌릴 수 없는 것으로서, 지극히 고귀한 것이고 주관적인 느낌이자 지속기간을 재는 척도이기도 하다. 시간은 끊임없이 움직이며 결코 멈추지 않는다. 그리고 어떤 경우에도 시간이 상대적이라는 것에는 논란의 여지가 없다. 5분이라는 시간은, 사랑하는 사람을 기다릴 때는 한없이 길게 느껴질 수도 있고 누군가와 작별하는 시간이라면 똑같은 5분이라도 훨씬 짧게 여겨진다.

오늘날 시간의 측정도구로써 시계만큼 자주 이용되는 기계도 없다. 여기에는 스마트폰이나 컴퓨터도 포함된다. 그 안에 여러 기능을 하는 시계가 들어 있기 때문이다. 시계는 손목에만 차는 것도 아니며 주방 조리기계나 세탁기, 자동차 등 수없이 많은 기계에 달려 있다. 수천 년 동안 인류가 시계 없이 어떻게 지냈는지 의문이 들 정도. 이집트 사람들은 3,400년 전에 물시계를 사용했다고 알려져 있다. 이것은 바닥에 작은 구멍을 뚫고 용기 안에 눈금으로 물높이를 표시해 시간이 얼마나 흘렀는지 알 수 있게 해주는 장치다. 고대에는 하루의 햇빛이 비추는 기간을 12시간으로 나누는 해시계도 있었다. 인간은 수천 년 동안 자연의 시간이나 리듬에 맞춰왔다. 태양과 달, 별의 위치, 밤과 낮의 리듬 같은 것들이 인간의 시간감각을 지배했다. 사람들은 대개 일정한 시간을 두고 약속을 하지 않았다. 그 대신 염소젖을 짠 뒤라든가 우물에서 물을 긷기 전처럼, 일정한 사건을 기준으로 약속했다. 태양이나 달의 위치, 또 자연에서 인지한 계절을 기준으로 삼았다. 요즘 누군가에게 자신이 사는 곳을 기준으로, 언제 어느 지점에서 해가 뜨고 지는지 알고 있느냐고 물어보라. 제대로 답할 사람은 아마 드물 것이다. 그런 의미에서 인간은 하늘과 연관해 시간을 생각하는 습관과는 작별을 고했다고 할 수 있다.

이와 달리 언제 어디서 해가 뜨는지를 아는 것은, 수천 년 이상 인간의 존재와 관련된 문제였다. 인간이 자연에서 인지한 리듬과

질서는 하루의 때와 계절의 개념에 자취를 남겼다. 오늘날 많은 사람들은 더 이상 하루가 24시간으로 이루어졌을 뿐 아니라 그 시간은 지구가 자전하는 데 걸리는 시간이라는 것도, 혹은 해와 달의 상호작용으로 밀물과 썰물이 발생한다는 사실도 의식하려 하지 않는다. 자연에서 생성과 소멸은 매일 벌어지는 현상이다. 우주의 변화는 매혹적일 만큼 수학적인 정확성 안에서 펼쳐진다. 그리고 그런 변화는 소멸하는 것은 시간이 아니라 어떤 경우에도 인간임을 분명히 보여준다. 인간의 일생은 유한하다. 그래서 지극히 고귀한 것이다.

시간의 박자

14세기에 최초의 기계시계가 발명되면서 문화에 흔적을 남겼다. 시계는 누구보다 수도원 사람들에게 유익했다. 하루에 여섯 번으로 규정된 기도시간을 더 잘 지킬 수 있게 되어서다. 시계가 등장하고부터 인간은 더 이상 태양의 위치가 아닌 시계 울리는 소리를 기준으로 삼았다. 이렇게 발전된 이후 시간은 갈수록 측정과 구분이 더 쉬워진 것처럼 보인다. 일정하게 째깍거리는 시계소리에 맞추다 보면, 시계의 박자 속에서 모든 계획이 가능한 것처럼 보인다. 하지만 궁극적으로 사람은 자연의 시간을 결코 벗어날 수 없으며 전과 다름없이 거기에 종속되기 마련이다. 예컨대 달력의 도입 같은 문화적인 발명은 오늘날까지도 여전히 자연의 규칙에 맞

사라지는 것은 시간이 아니다.
우리 인간이 소멸하는 것이다.

출 수밖에 없게 되어 있다.

아마도 태양력이나 태음력이라는 말을 들어보았을 것이다. 음력으로 한 날은 29일이나 30일이기 때문에 열두 달은 365일이 아니라 일정치 않다는 것을 알 수 있다. 또 1 태양년도 정확히 365일이 아니라 365일에서 366일까지 걸쳐 있다. 해가 거듭할수록 이 차이가 커지기 때문에 균형을 맞추려면 윤년에 하루를 추가해야 한다. 오늘날까지 우리가 기준으로 삼는 태양력은 율리우스 카이사르 로마 황제가 기원전 45년에 그때까지 사용되던 태음력을 대신하도록 자신의 제국에 도입한 것이다. 이것이 기원전 44년에 어떤 의미를 가졌는지 지금으로선 거의 상상이 되지 않는다. 두 역법 사이에 80일이나 차이가 나는 바람에 기원전 44년은 그 해만 유일하게 445일이 되었다.[12] 그토록 거대한 시간의 크기를 상상해보라. 만일 이런 추가시간이 주어진다면 당신은 그것으로 무엇을 하겠는가?

시간은 뭐라 설명하기 어렵다. 시간은 현상으로 남아 있지만 궁극적으로 파악이 되지 않는다. 고대 그리스인들은 시간의 형태를 놓고 '크로노스chronos' 혹은 '카이로스kairos'란 말을 썼다. 크로노스가 연속적이고 양적인 시간을 뜻한다면, 카이로스는 가장 좋은 때라는 의미에서 딱 맞는 순간을 가리켰다. 이것은 차이가 뚜렷한 시간의 질적인 특징이다. 우리는 삶의 시간이란 뜻으로 평생이란 말을 하지만, 사람은 그 평생 동안 시간 단위로 살고 분 단위로 행동하며 초 단위로 생각한다. 여기서 벗어나는 시간은 컴퓨터의 몫이다. 증권시장에서는 지극히 짧은 반응시간이라는 것이 존재한다. 중요한 결정을 내리는 이 시간의 파편을 수행하는 것은 고성능 컴퓨터다. 성능이 우수한 컴퓨터일수록 상위처리장치가 가까이 있다. 우리 인간으로서는 이해가 안 되지만, 연결선이 1미터 늘어날 때마다 시간의 손실을 의미하기 때문이다. 점점 늘어나는 디지털화 현상으로 인해 우리는 갈수록 시간을 가속화하고 압축한다. 정말 걱정스럽다. 점점 늘어나는 가속화 현상은 어디서 온 것일까? 이 물음에 대한 답은 우리가 그 현상에 어떤 변화를 줄 수 있는가, 그럴 의지가 있는가에 달려 있다고 할 것이다.

시간의 박자에서
가속화의 함정으로

플로리안 오피츠Florian Opitz의《스피드: 잃어버린 시간을 찾아서》는 볼 만한 다큐 영화다. 여기서 오피츠는 사람은 왜 갈수록 살면서 시간에 쫓기고 있는지에 대한 의문을 추적한다. 거대한 기술의 진보로 인해 우리 인간은 엄청난 시간을 절약한다. 세탁기 대신 냇가에서 빨래를 한다고 상상해보라. 혹은 커피원두를 직접 손으로 빻아서 가루를 낸 다음 커피를 끓인다고 생각해보라. 물론 이렇게 하면 좋은 맛을 낼지도 모른다. 예컨대 우리 학교의 강사 한 사람은 실제로 그렇게 커피를 마시면서 엄청 재미있어 한다. 하지만 사람들은 보통 믿을 수 없을 정도로 효율을 추구하면서 끊임없이 시간을 절약하려 든다. 그렇다면 그렇게 해서 늘어난 시간은 다 어디 갔단 말인가? 좀 더 정확히 말하면, 왜 절약한 시간에서 남은 것은 없고 왜 더 많은 여가는 생기지 않는 걸까? 시간의 복지는 어디에 있는가?

시간 연구가인 칼하인츠 가이슬러^{Karlheinz Geißler}는 저서에서 시계의 발명이 자본주의의 경제적 원칙에 기폭제가 되었다고 지적한다. 기계시계가 등장하고부터는 오로지 추상적이고 질적으로 공허하며 일직선적인 시간만 째깍거리고 갈 뿐이다. 이런 시간은 돈으로 계산하거나 돈으로 환산한다. 아리스토텔레스의 경우, 우리 자신과 주변 사람과의 관계를 위해 시간을, 즉 자유시간을 확보하기 위해 시간을 경제적으로 관리하라고 격려하는 데 비해 자본주의 사고방식에서 경제는 재화를 늘리고 성장하는 데 목표를 둔다. 시간은 노동으로 바뀌고 이어 돈과 물질적인 성공으로 바뀐다. 1748년에 저서에서 벤저민 프랭클린은 훗날 종종 인용되는 '시간은 돈이다'라는 말을 젊은 상인들을 위한 충고로 표현했다. 그는 손에 넣을 수 있는 자원을 지혜롭게 다루도록 주의를 주려고 이렇게 말했던 것이다.

중세에 들어오기까지 노동시간의 시작과 끝은 태양의 위치나 계절별 변화에 의해 좌우되었다. 시계가 등장하면서 노동시간은 더 이상 태양의 위치에 종속되지 않았다. 휴식시간 또한 최초로 시계로 정해졌다. 한편으로는 좋았지만, 다른 한편으로는 그 때문에 더 많은 성과를 내어 더 많은 돈을 벌기 위해 쉬는 시간을 없애거나 근무시간을 늘리자는 생각을 하게 되었다. 15세기의 기록을 보면 이때 이미 이런 추가노동을 '시간당 임금'으로 지급한다는 말이 나온다.[13] 시계의 등장으로 시간당 임금이 기술적으로 가능해진 것이다.

왜 절약한 시간에서 남은 것은 없고 왜 더 많은 여가는 생기지 않는가?

17세기에 들어와 시계에 추가 생기면서 시간은 더 정확해졌다. 시계는 노동시간을 갈수록 강하게 압박했으며 특히 19세기에 전기조명이나 증기기관이 등장하면서 더 심해졌다. 또 이런 산업화로 엄청난 매출을 올렸다. 노동은 더 이상 햇빛과 짝을 이루지 않았다. 시계만으로 노동의 박자를 규정했다. 효율적으로 많이 일한 사람은 번창할 수 있었다. 전에는 속도가 돈으로 계산되었다면, 오늘날은 시간의 압축이 그 역할을 하는 것처럼 보인다. 모든 것이 갈수록 동시에 이루어지고 있고 이것은 몸과 뇌에 지속적으로 더 큰 부담을 준다. 우리는 왓츠앱이나 이메일, 페이스북, 트위터로 글을 쓰며 답신도 즉시 받거나 늦어도 한두 시간 내에 받을 것으로 예상한다. 대부분의 사람은 여러 경로를 통해 접촉이 가능하다. 스마트폰은 이동 관리본부가 되었다. 이것은 철저히 양방향의 특징을 지닌다. 한편으로 스마트폰은 장소와 무관하게 소통이나 빠른 연결을 가능케 해주지만 동시에 개인적으로 소중한 가능성의 자유공간을 앗아가기 때문이다. 물론 누구나 디지털 기기를 사용하는 것에 스스로 책임을 지는 것이라고 이의를 제기할 수도 있을 것이다. 스마트폰을 집에 두고 나온 사람은 숲속을 산책할 때 사실상 오프라인 상태가 된다. 하지만 회사나 동료, 가족 등, 우리가 접촉해야 할 상대는 차고도 넘친다. 전에 비해 연결 가능성이라는 집단적인 사회의 압박은 말할 수 없이 커졌다. 기계는 잠을 모르고 언제나 작동이 가능하기 때문에 디지털화는 속도를 높인다. 세계적인 기업이라면 일과가 끝났다 해도 세계의 다른 시간대에 있는 직원이 이미 시작된 업무를 계속 추진할 것이다. 전 같으면 상상할 수 없는 시간대에 매달리는 프로젝트가 생긴다. 이런 환경은 또 효율적으로 일하도록 경쟁의 압박을 가한다. 문제는 갈수록 시간이 점점 더 짧아진다는 것이다. 속도전환은 어떤 모습을 띠어야 할까? 어떻게 하면 인간은 반드시 해야 하는 의무를 벗어나 여유를 누릴 수 있을까?

가속도의 함정에서 빠져나오기

급류에서 카누를 타고 노를 저어본 적이 있는가? 아니면 그런 사람들을 본 적이 있는가? 그랬다면 물살이 너무 세서 갑자기 멈추거나 방향을 바꾸는 것이 불가능하다는 것을 알 것이다. 강으로 나가는 사람은 물줄기에 대처하거나 강에 머물 수 있는 법을 배워야 한다. 또 미리 더 완만한 소용돌이나 급류에서 벗어난 흐름이 어느 쪽인지 알아두어야 한다. 그래야 필요할 때는 방향을 틀고 힘을 충전하거나 평소에는 지나쳤을 강변의 아름다운 경치를 느긋하게 감상할 수 있기 때문이다. 삶의 속도를 의도적으로 또는 앞을 내다보며 감속하려고 하는 것도 이와 아주 비슷하다. 질병과 위기가 닥칠 때는 갑작스럽게 원치 않는 감속으로 이어지며 이것은 어딘가에 이상이 생겼거나 허약해진 것으로 해석된다. 비유적으로 말해, 급류에서 보트가 뒤집혔을 때 노를 젓던 사람이 물에 빠지지 않고 숨을 헐떡거리며 강변으로 나오는 데 성공한다면 운이 좋다고 말할 수 있다.

그러므로 정신없이 돌아가는 생활과 일의 속도에서 시간에 잘 대처하려면, 앞을 내다보며 주도적으로 관리해야 한다. 이때 핵심적인 역할을 하는 것이 자연의 리듬이다. 자연에 사는 존재로서 인간은 개인적인 시간감각을 갖고 있다. 사람은 누구나 시간을 다르게 받아들이고 수면에 대한 기준도 다르며 능력을 발휘하거나 집중하는 시간도 다르다. 과제를 해결하거나 세파를 헤쳐 나가거나 먹거나 말하는 데 필요한 자신만의 속도가 있다. 수명학자들은 자신의 리듬을 알고 가능하면 그에 맞춰 사는 것이 중요하다는 점을 지적한다. 그래야 건강을 유지한다는 것이다.

낮잠형은 다시 집중해서 일에 매달리기 위해 짤막하게 낮잠을 잘 필요가 있다. 이른바 토막휴식형은 간단히 뭘 먹거나 다른 사람과 몇 마디 수다를 떨거나 아니면 간단히 산책하는 것으로도 충분하다. 또 실제로 점심때 휴식 없이 견디는 사람들도 있는데, 이런 사람은 음료수 한 잔을 마시거나 샌드위치 한 조각만 먹어도 오후까지 일에 집중할 수 있다. 그리고 밤에 잠을 잘 때도 큰 차이가 있다. 5시간만 자도 문제없는 사람이 있는가 하면, 7시간이나 9시간을 자야 하는 사람도 있다. 인체는 고도로 개인적인 특징을 보인다.

이때 자연은 가장 중요한 시간 컨설턴트와 시간 공급자 역할을 한다. 예컨대 빛과 어둠이 교차하는 하루의 리듬은 중요한 요인이 된다. 날씨가 흐린 겨울날, 밖에서 사람의 광수용체에 전달되는 빛의 밝기는 2,500럭스인데 비해, 방에서는 전기조명이 눈부시게 밝아도 300럭스밖에 안 된다는 것을 생각해본 적이 있는가?

이때 무조건 밖으로 나가라는 말보다 더 적절한 조언은 없다. 또 만물이 소생하고 소멸하며 빛과 어둠이 교차하는 계절도 사람의 시간리듬이나 바이오리듬에 엄청난 영향을 준다. 어쩌면 당신은 시간 관리를 잘하는 것이 훨씬 더 중요하다고 이의를 제기할지도 모르겠다. 헛되이 흘려보내거나 잘못 할당하는 시간이 많기 때문이다. 몇 년 전까지는 우리도 그렇게 생각했고 또 개인적인 경험도 그러했다. 경쟁 스포츠 체질인 올라프는 실적 지향적이다. 그는 '불가능은 없다'라는 좌우명에 따라 자신의 한계에 부딪칠 때까지 일하며, 그 열정을 본 다른 사람도 함께 휩쓸리게 만든다. 결과가 좋으면 뭔가 약물효과 같은 것이 나타나기 때문이다. 성공은 강력한 원동력이 된다. 하지만 다른 속도가 필요한 사람은 쉬 지치게 되고 그로 인해 팀 내 갈등이 발생할 수 있다. 스포츠 애호가로서 올라프도 계속해서 능력의 한계치까지 훈련하면 안 된다는 것을 안다. 기능의 향상은 긴장과 긴장해소가 교체 반복되는 와중에 일어난다. '지속적인 노력'을 하기 위해서는 의도적인 휴식과 리듬을 중시해야 한다.

내 경우는 다른 도전에 직면해 있다. 야심만만한 남자로 이루어진 팀에서 유일하게 가족을 거느린 여자로서 나는 직업 활동이나

자녀문제, 다양한 삶을 거뜬히 통합할 수 있
다는 것을 보여주고 싶었다. 올라프는 이런
내 생각을 이해하고 좋은 말을 해주었을 뿐
아니라 자기 일을 줄이고 집안일에서 내 부

자연은 아주 중요한
시간 컨설턴트이자
시간 공급자다.

담을 덜어주려고 했다. 하지만 내가 활동을 더 잘할수록 과제는
더 정교해졌다. 확실히 나의 공명심이 과제를 유혹하는 측면이 있
었다.

과제를 완수하고 속도를 내기 위해 나는 여러 세미나에 참여했
다. 예컨대 '25시간을 감당하는 여성'처럼 기대해볼 만한 제목의
세미나였다. 그러면서 시간 관리는 우리의 중요한 취미가 되었다.
그런 곳에서는 자신에게 초점을 맞추고 구조적인 체계를 갖추는
데 매우 유익한 것을 가르친다. 예를 들면 이탈리아 경제학자 빌
프레도 파레토Vilfredo Pareto의 원칙이 그랬다. 파레토는 결과의 80
퍼센트는 20퍼센트의 원인에서 비롯된다는 것을 밝혀냈다. 즉 당
신이 실행하는 20퍼센트가 보통 당신이 추구하는 것의 80퍼센트
에 영향을 준다는 말이다. 따라서 문제는 가능하면 많이 하는 것
이 아니라 결정적인 것, 중요한 것을 하는 것이다. 이 지극히 냉정
한 이론은 늘 100퍼센트를 행하며 완벽주의를 추구하다 완전히
힘을 다 써버리는 사람들 모두에게 도움이 될 것이다.

또 미국 대통령의 이름을 딴 아이젠하워 모델이라는 것이 있는
데, 아이젠하워가 4면 규칙이라는 것을 만들어 일을 두 번 하지 않
은 데서 유래한 것이다. 아이젠하워는 당면한 모든 과제를 4개의
칸에 넣어 분류했는데, 급한 것/중요한 것, 급하지 않은 것/중요한

것, 급한 것/중요하지 않은 것, 급하지 않은 것/중요하지 않은 것 등으로 구분했다는 것이다. 그가 네 번째 범주를 휴지통에 내버린 것은 분명하다. 나머지 과제에 대해서는 뒤로 미루거나 본인이 직접 마무리했을 가능성이 있다. 우리는 또 이 세미나에서 '중요한 일부터 먼저!'라는 말도 배웠고 다양한 주제와 과제 중에 우선순위를 매길 때는 이것을 자주 적용했다.

이런 방법은 시간을 관리하는 데 보조수단이나 도구로 쓸 수 있다. 하지만 자세히 들여다보면 이런 것들은 언제나 시간의 질과 관계된 것으로서 배후에 있는 요구를 해소하지는 못한다. 압박감이 남아 있는 것이다.

좋은 시간에 대한 관심은 단순한 시간 관리를 벗어나 좀 더 깊은 이해로 이어진다. 이때는 의식적이고 편안하며 성숙한 시간 관리가 문제된다. 사람은 누구나 하루에 24시간을 쓸 수 있다. 따라서 빈틈없이 분류하거나 영리하게 관리하는 것만 중요한 것은 아니다. 우리에게는 시간이 너무 적은 것이 아니라 할 일이 너무 많은 것이다. 그러므로 외부의 과제와 기대, 요구사항뿐 아니라 내면에서 나오는 것도 검증하는 것이 중요하다. 그런 것들이 너무 많아 고통스럽게 압박하기 때문이다. 우리 두 사람은 자신의 입장과 사고의 틀에 의문을 제기하기 시작했다. 그리고 완전히 의도적으로 가치추구의 길로 방향을 잡았다. 우리가 같이 쓴 책《그냥 좋다! 쉽게 충족된 삶을》의 전체 장은 이런 삶의 가치추구와 그것을 스스로 찾아낼 수 있는 방법에 대한 내용으로 채워져 있다.

우리는 무엇이 중요하고 시급한지가 아니라 무엇이 본질인가가 문제임을 깨달았다. '할 일들' 순서를 훤히 꿰고 있는 사람은 그런 이유로 그 자신의 전반적인 '할 일 목록'을 중시하기 마련이다. 인생에서 시간의 압박과 지나치게 많은 과제에서 벗어나고 싶은 사람은 지금까지의 사고의 틀에서 벗어나 계속 나가기 위해 새로운 물음을 던져야 한다. 이를테면 다음과 같은 물음이 있을 수 있다.

▷ 나는 무엇을 경험하지 못할 때 후회할까?

▷ 내가 정말로 원하는 것은 무엇인가?

▷ 세상의 무엇을 위해 나는 존재하는가?

▷ 내가 더 이상 하고 싶지 않은 것은 무엇인가?

▷ 어떤 접촉이 내게 힘을 주고 어떤 것이 힘을 빼앗아 가는가, 또 내가 계속 접촉하고 싶은 것은 무엇인가?

가속화의 함정에서 빠져나오고 싶은 사람은 그 밖의 다른 시간이 자신에게 좋을 거라고 기대해서는 안 되며, 혹시 더 좋은 시절이 올지도 모른다며 기다려서도 안 된다. 유능한 시간 관리란 지금까지의 고정관념에 의문을 품고 문턱을 낮추는 것을 의미한다. 고정관념은 종종 내면의 선동자와 결합된 고유한 특권의식으로서 불안하게 삶의 속도를 높일 때가 있다. '노는 것보다 일이 먼저'라든가 '서둘러!', '좀 더 잘해봐!', '제대로 해!'라는 말들이 그렇게 마음속에서 속도를 부추기는 의식이다. 이에 대해 노벨상 수상자인 대니얼 카너먼Daniel Kahnemann은 심리학자로서 가속화의 배후에 탐욕이나 불안이 도사리고 있는 것은 아닌지 의문을 제기한다. 그것은 혹시 보조를 맞추지 못할 수도 있다는 불안은 아닐까? 다른 사람이 더 잘하고 더 빠르고 더 성공적일지도 모른다는 걱정은 아닐까? 아니면 그것은 더 이상 인정받거나 사랑받지 못할 것에 대한 두려움은 아닐까? 카너먼은 상실에 대한 불안이 획득에 대한 기대보다 더 강하게 선동한다는 이론을 대표하는 학자다. 삶은 너무 짧고 죽음은 너무 빨리 찾아올 거라는 생각은 오랜 옛날부터 내려온 불안이다.

인간은 이런 생각을 행동으로 몰아내려다가 그와 함께 생명 자체를 몰아내는 경우가 허다하다. 이렇게 볼 때, 태연하게 '방치하는 태도Gelassenheit'가 최선의 전략일 수 있는데 이런 태도는 이미 어간에 방치Lassen라는 의미가 들어 있다. 하지만 이런 전략은 쉽지 않다. 세미나에서 들은 재미난 이야기가 있다. 몹시 바쁜 사람이 탈진 상태에 이르자 선사禪師에게 가르침을 청했다. 선사는 무조건 아무것도 하지 말라고 했다. 그러자 이 사람이 즉시 물었다. "그러면 저는 무엇을 해야 합니까?"

방치한다는 것은 신뢰와 내면의 만족, 여유와 깊은 관계가 있다. 급류에서 카약을 타는 사람이 갑자기 멈출 수 없듯이, 전부터 계획된 일에 열심히 매달리는 일상에서 곧바로 휴식과 여유의 상태로 진입할 수 있는 사람은 아무도 없다. 상태를 전환하는 데는 일정한 의식이 도움이 된다. 자전거로 출퇴근을 한다든지, 지하철에서 내려서 집까지 유유히 걸어간다든지 하는 것이 도움이 될지도 모른다. 아니면 의상을 청바지에 스웨터로 갈아입든가 도나 리언Donna Leon의 추리소설에 나오는 브루네티 경감처럼 집으로 가는 길에 카페에 들러 에스프레소를 마시는 것이다.

지나치게 일하며 밤 1시나 새벽 5시에 이메일을 보내고 몇 달 앞서 일정을 잡는 것을 성공적인 삶의 지위를 나타내는 상징으로 보는 한, 우리는 시간에 얽매인 병에서 빠져나올 수 없을 것이다.

우리가 기억해야 할 것은, 기술적으로 눈부신 온갖 업적에도 불구하고 인간의 진화된 뇌간이 1초에 약 1,200만 개의 감각적 인상을 받으면서 위험과 마주칠 때 반응하는 방식은 여전히 석기시대와 똑같다는 것이다. 즉, 이 상황에서 제기되는 의문은 단 세 가지라는 말이다. 도망칠 것이냐, 싸울 것이냐, 죽은 체할 것이냐? 10분의 1초가 지나면 대뇌는 이런 인상에 대하여 좀 더 분석적으로 반응할 가능성이 있다. 말하자면 그 상황에서 정보를 해석하고 평가하며 무엇보다 정보를 조정한다. 컴퓨터와 달리 인간의 뇌는 단기기억장치에 고작 약 7개의 정보만 수용할 수 있다. 그러므로 여러 가지 인상으로 가득 찰 때 머리가 아프고 가슴이 빠른 속도로 두근거리며 귀가 윙윙거리고 등이 뻣뻣해지는 것은 이상한 일이 아니다.

우리는 어떻게 시간을 경험해야 건강을 유지할 수 있을까? 이에 대해 만병통치약은 없지만 유익한 자극거리는 있다. 기본적으로 당신이 실제로 할 수 있는 것은 두 가지 축에서 전개된다.

1. 당신에게 들어오는 정보를 줄여라.
2. 당신이 스스로 제기하는 요구에 의문을 품어라.

이러한 노력은 완전히 실용적인 측면에서 보면 어떤 모습일까? 그것을 몇 가지 예로 정리했다. 당신에게 가능한 것이나 매력적으로 보이는 것을 스스로 골라보라.

- ▷ 라디오, 텔레비전, 잡지에 나오는 광고와 접할 기회를 차단하라.
- ▷ 주말에 하루는 오프라인 상태를 유지하고 누구나 당신과 함부로 접촉하지 못하게 하라.
- ▷ 대화할 때 누가 당신에게 이로운지, 누가 스트레스를 주는지 주목하라. 그런 다음 의도적으로 접촉시간을 결정하라.
- ▷ 일과 개인적인 자유시간의 전환의식으로 가령 바흐 같은 고전음악이나 탈가속화를 위한 긴장해소용 음악을 활용하라.
- ▷ 저절로 긴장이 해소되는 활동이 있는지 주목해본다. 그런 것이 있다면, 그런 활동이 일상을 더 많이 차지하도록 하라.
- ▷ 외부로부터 지나치거나 빈번한 요구가 들어올 때는, 망설이지 말고 적극적으로 '아니요'라고 하라. 분명한 메시지를 전하는 법, 특히 당신 자신이 납득하고 평가하는 '네'를 찾는 법을 배워라. 이때의 '네'는 확실한 '아니요'에 대한 최선의 토대가 되며 당신에게 자유로운 가능성의 공간을 열어줄 것이다.
- ▷ 시합의 성격이나 시간의 압박이 없는 스포츠 활동을 하라.
- ▷ 일상생활에서 주의력 단련이나 명상 수련을 확보하는 법을 익혀라.
- ▷ '할 일의 목록' 대신, '내버려둘 일의 목록'을 활용하라.

시간의 복지:
또 다른 형태의 부

시간의 풍요는 돈으로 살 수 없다. 알다시피 하루에 주어진 시간은 누구에게나 똑같다. 하지만 사람은 사는 동안 자신에게 얼마나 많은 시간이 주어지는지 알 수 없고 이것은 결정적인 의미를 지닌다. 우리 두 사람이 시간과 가속화를 생각하고 있을 무렵, 친한 친구에게서 이메일이 왔다. 친구는 '삶을 찬양하라고. 너무도 소중하니까!'라고 쓰고는 이어 뇌종양이 더 커졌다고 했다. '마치 누가 커다란 고무지우개로 다 지워버린 것 같은 느낌이야. 이젠 내 이름도 쓰지 못한다니까. 내가 손으로 칼을 어떻게 잡는지 생각해봐. 이 메일을 작성하는 것도 너무 힘들어. 보람 있는 것은 숲을 산책하는 것과 사랑하는 사람들과 지내는 거야.'

이 글을 읽고 우린 얼마나 충격을 받았는지 모른다. 진정성이 절절이 묻어나는 친구의 말을 생각하니 절망과 동시에 고마운 마음이 들었다. 시간을 소중하게 생각하라고 경고하는 그 말에는 어떤 시간 전문가도 전달할 수 없는 설득력이 있었다.

당신의 시간이 당신의 인생이다! 현명하게 생각하라! 이 말은 우리가 안식년에 고속도로변에 서 있는 낡은 나무간판에서 본 것인데 이후 우리의 좌우명이 되었다. 시간의 복지를 누린다는 것은 의도적으로 자신의 시간을 만드는 일에 영향력을 행사한다는 의미다. 자신에게 가장 중요한 것을 위해 시간을 들이는 사람은, 그로 인해 엄청난 만족을 맛볼 것이다. 그런 사람은 시간과 더불어

살며 더 이상 시간에 쫓기지 않는다.

이것이 당신이 오래도록 기억할, 그리고 다시 속도가 붙고 불안해질 때 당신에게 힘을 주는 운명의 시간이다. 여러 가지 프로젝트를 동시에 머릿속에 담고 있을 때면 나는 가끔 책 한 권을 손에 들고 조용히 앉아 있곤 한다. 손녀가 태어났을 때 나는 모든 일정을 취소했다. 그렇게 해서 새 생명이 태어난 며칠간 곁에서 거들면서 젊은 가족과 일상을 함께 보냈다. 때때로 한 시간 이상을 그냥 창가에 앉아 어린 손녀를 품에 안고 놀라운 생명의 경이로움을 맛보았다. 시간은 쏜살같이 흘렀지만 동시에 아주 느리기도 했다. 시간은 일회적이다. 이런 시간을 그렇게 누릴 수 있다는 것이 요즘 나에게는 큰 기쁨이다.

시간의 복지란 일상 속에서 다양한 시간 활용의 형태를 교체할 수 있다는 것을 의미한다. 째깍거리며 흘러가는, 계획되고 구조화된 시간이 있다. 이 동안 당신은 뭔가를 하며 성취해낸다. 그 외에 당신이 흘려보내거나 어슬렁거리거나 아니면 즐겁게 머무는 시간이 있다. 이런 것은 시간이 흘러넘친다는 느낌을 키워준다. 주목할 것은 당신이 지니고 있는 자연의 리듬이다. 당신이 아침형 인간인지 저녁형 인간인지, 여름에 활기찬지 아니면 겨울을 좋아하는지, 또 계획하기를 좋아하는지 혹은 그때그때 자연스럽게 행동하는지, 이런 것은 아무래도 상관없다. 어떤 유형을 막론하고 사람은 누구나 자기만의 리듬이 있기 마련이다. 지속적이 아니라면 최소한 어쩌다 한 번씩이라도 그 리듬이 나타난다. 무엇보다 우리 인간에겐 끊임없이 의무만 다하지 않아도 되는 자유공간이 필요하다. 우리에겐 여유시간이 필요하다.

　여유라고? 올라프는 즉시 여유는 남자들의 언어가 아니라고 주장했다. 그 말은 너무 여성적이고 너무 부드러우며

시간의 복지란 일상에서 다양한 시간 활용의 형태를 교체할 수 있음을 의미한다.

너무 시적으로 들린다는 것이다. 하지만 느긋한 마음으로 아무것도 하지 않는 상태를 달리 뭐라고 부른단 말인가? 물론 사회적으로 우리가 여유를 찾는 것이 힘들기는 하지만, 경제지《브란트아인스Brandeins》는 3년 사이에 바로 이 주제에 대한 헌정판을 2호나 발행했다. 시간의 궁핍에 대한 느낌과 시간의 복지에 대한 동경의 대립은 〈무위. 여기서 무엇이 나오는가〉(2012년 8월호) 혹은 〈아무것도 하지 마라. 게으름에 중점〉(2015년 8월호)이라는 제목으로 이어진다. 눈에 띄는 것은 이 특별호가 당연히 여름판이라는 점이다. 휴가기간이 한창일 때, 아무것도 하지 않는 것에 공개적으로 초점을 맞추는 것은 합법적이면서 매혹적인 것처럼 보인다. 여기서 칼 하인츠 가이슬러는 "시간에 배부르고 시간에 만족한 채 늙어가는 꿈을 실현하고 싶을 때, 사람은 여유시간을 포기할 수 없다"라고 말한다. 이런 요구에 부응하기 위해서는 정기휴가보다 여유시간이 더 필요하다. 여유는 시간적인 의미가 아니라 어떤 태도를 말한다. 그것은 좋아하는 것, 가령 사색이나 낚시, 정원 가꾸기, 게임, 생각에 골몰하기 또는 음악 감상 같은 것을 할 수 있는 시간에 나온다. 여유시간은 스스로 선택하는 것이어서 절대 지루한 법이 없다.

　시간 전문가인 로타르 자이베르트Lothar Seiwert는 여가에는 의약

과 같은 효능이 있다며 사람의 몸에 신체적인 효과를 발휘한다고 설명한다. '아무것도 하지 않는 무위에서 인간의 신체조직 전체와 모든 개별적인 신체세포가 혜택을 본다. 교감신경계가 부교감신경계로 전환되면서 몹시 활동적인 상태는 평온한 만족 상태로 변한다. 맥박이 고르고 호흡이 가지런해진다. 혈압도 정상으로 돌아오고 활력 에너지의 낭비가 줄어든다. 면역 체계에 힘이 저장되고 스트레스 호르몬이 줄어든다.'[14] 여가의 원리는 자연 속에서 훨씬 쉽게 학습할 수 있다. 동식물을 바라보며, 느리게 성장하는 것이나 뿌리의 힘으로 생존하는 것, 계절의 리듬에 적응하거나 그것을 받아들이는 것이 무슨 의미인지 알 수 있고 또 만물에는 나름대로 때가 있다는 것을 확인할 수 있기 때문이다. 구약성서의 전도서 3장 1절부터 15절까지에 나오는 옛날의 지혜를 읽어보며 여가의 의미를 되새겨보라. 깊은 뜻과 지혜가 함축된 그 글의 많은 부분이 당신에게도 분명히 낯익을 것이다.

좀 더 지혜롭게 시간을 관리하려고 할 때, 자연은 우리가 이용할 수 있는 지식과 여유를 똑같이 베풀어준다.

뤼겐섬의 생물권 보전지역에는 고르Goor라는 자연보호구역이 있다. 여기서는 위풍당당한 나무들과 고분군, 새로 나무를 심었던 옛 주거지가 딸린 다양한 숲의 형태를 찾아볼 수 있다. '여가와 인식의 길'에 가면 방문객은 자연의 시간과 교류하며 새로운 오성을 얻게 해주는 '중개자'로서 나무들과 마주한다. 4킬로미터 거리의 이 길에서 시간을 들여 19개 휴식지점에 머무는 사람은 자연과 문화현상의 의미에 푹 빠지게 된다. 그리고 자신을 자연의 일부로 분류하면서 우리 인간 역시 평생 자연의 속성을 지니고 산다는 것을 이해한다. 이런 속성은, 말하자면 우리가 모든 기계적인 시간공급자의 반대 측면에서 만들어내는 특징이라고 할 수 있다.

> 시간에 배부르고 시간에 만족한 채
> 늙어가는 꿈을 실현하고 싶을 때
> 사람은 여유시간을 포기할 수 없다.
> : 칼하인츠 가이슬러

여유시간은 긴장을 동반하는 근무단계에서보다 휴가기간에 훨씬 쉽게 생긴다. 그러므로 휴가를 여유로움에 시간과 공간을 부여하는 도입부로 이용할 수 있다. 휴가 중에는 관광지마다 한 곳에서 다음 곳으로 빨리 이동하라고 재촉할 사람이 없다. 도심관광 중이라 해도 강변이나 시내 한복판에 있는 공원에서 머물기로 결정할 수 있다. 일정한 시간에 신중하게 의식적으로 욕심 부리지 않고 태연히 자신의 시간을 관리하는 사람이라면 휴가기간이 아니더라도 끊임없이 여가를 경험하게 될 것이다. 이런 여가는 성공적이고 바람직한 삶에서 포기할 수 없는 것이다.

그러므로 우리는 크든 작든 현장에서 느끼는 시간의 오아시스를 맛보아야 한다. 그리하여 물질의 복지 말고도 삶을 풍요롭게 만드는 또 다른 질적 가치, 즉 시간의 복지가 있다는 것을 알아야 한다.

과감하게 속도를 전환하라!

현재의 아주 평범한 활동이라 해도 훨씬 여유롭게 하라. 가령 빵을 사러 갈 때 어슬렁거리며 천천히 걸어가고 차를 마실 때도 한 모금씩 천천히 마실 것이며 이메일도 의도적으로 평소보다 느릿느릿 작성하라. 이처럼 당신 스스로 자신의 속도를 의도적으로 통제하는 것이다.

과감하게 관점을 바꿔라!

낮 동안에 의도적으로 하늘을 바라보며 짤막한 휴식시간을 확보하라. 구름과 나뭇잎의 움직임, 태양의 위치를 관찰하라. 베란다나 집 앞, 정원 아니면 단순히 창가에서도 이런 여유를 찾을 수 있을 것이다. 이런 짤막한 순간들이 긴장을 해소시키고 뇌를 신선하게 만들어준다. 그 밖에 자신을 우주의 중심으로 평가하는 대신 자연의 일부로 인지할 때, 많은 행위는 상대화된다.

거대한 리듬을 인지하라!

의식이나 절차를 한 가지 개발해서 주별 혹은 월별로 자연의 일정한 장소로 나가보라. 어쩌면 공원의 유난히 위풍당당해 보이는 나무나 전망 좋은 언덕, 가까운 곳의 시냇물이 눈에 들어올지도 모른다. 달이 가고 계절이 바뀔 때, 이런 환경이 어떻게 변하는지 의도적으로 인지해보라. 아마 당신은 단위로 흐르는 시간 이상의 많은 시간이 있음을 보여주는 현재를 포착하기 위해 늘 똑같은 각도에서 사진을 찍고 싶을지도 모른다.

황금시간대로 활용할 틈새시간을 찾아보라!

시야가 탁 트인 곳을 찾아 일출이나 일몰을 감상해보라. 의도적으로 그곳을 간단히 여유를 누리는 곳으로 활용하고 계속해서 일몰을 느긋하게 바라보는 시간을 누려라.

어쩌면 이런 의식을 수행하다 보면 그곳은 감사일기의 몇 문장을 쓰기에 완벽한 장소가 될지도 모른다. 이 '황금시간대'는, 비록 단 10분밖에 안되더라도, 규칙적으로 내면의 탈가속화와 더 감사하는 마음, 더욱 신중한 태도에 적응하게 해줄 것이다.

휴식의 찬양

칼하인츠 가이슬러와의 대화

유감스럽게도 우리는 계획대로 만나 차를 마시며 시간에 대해 깊이 있는 대화를 나눌 수 없었다. 칼하인츠 가이슬러 교수가 시간이 없었기 때문이다. 이 말은 뿐만 아니라 우리도 시간이 없었고 만나서 대화할 장소도 서로 잘 맞지 않았다는 뜻이다. 우리가 뮌헨에 갔을 때 가이슬러 교수는 강연차 스위스에 있었고, 그가 뮌헨에 있을 때는 우리가 함부르크에 있거나 드레스덴, 혹은 바르네뮌데에 있었다.

실정이 이런 것을 어쩌랴. 우리는 계속 시기를 엿보고 가이슬러 교수도 인터뷰를 하기 위해 애를 썼다. 결국 개인적인 대화 기회는 갖지 못한 상태로 미디어에 의존해 의견을 나눌 수 있었다. 그리고 이런 의견교환은 엄청 중요한 것이었다. 칼하인츠 가이슬러는 우리와 같은 시대를 사는 흥미로운 인물일 뿐만 아니라 시간 연구 분야의 전문가이기 때문이다. 그리고 사람의 생애와 관련해서는 훨씬 중요한 인물이다. 그는 시간을 주제로 수많은 저서를 집필했다. 또 시간문제로 컨설팅을 해주며 강연 연사로 곳곳에서 초빙을 받고 있으며 시간 전문가로 미디어에 자주 출연한다. 《게오》나 《슈피겔》 등, 시간 관련 특별호가 발행될 때마다 가이슬러 교수가 나온다. 4년 전만 해도 우리는 바이에른 텔레비전에서 화면상으로는 아주 가까운 사이로 등장했다. 시간의 가치와 시간 관리를 다루는 방송 프로그램이었는데, 가이슬러는 과학자로 출연했고 안식년을 통해 시간의 풍요를 경험하고 돌아온 우리 부부는 같이 활동하는 인터뷰 파트너로 등장했다. 요즘도 그때를 회상하면 미소를 짓게 된다. 그 프로젝트를 진행한 사람이 우어(시계)라는 이름의 활약이 뛰어난 여기자였기 때문이다.

선생님께서는 어떻게 해서 시간이라는 주제에 그토록 애착하게 되었는지요?

제가 시간에 애착을 하는 건지 아니면 시간이 저에게 애착하는 건지는 분명치 않습니다. 확실한 것은 제가 시간을 사랑한다는 것이죠. 저 자신의 삶과 관련해 시간에 감사합니다. 그리고 시간은 지금까지 제 관심에서 벗어난 적이 없습니다. 믿음직한 친구라고나 할까요, 믿음직한 친구에게 관심을 쏟는 것은 당연한 일이죠. 사람이 행복한 인생, 적어도 만족을 가져다주고 만족시키는 인생을 요구하는 한, 뭐 반드시 낙원으로 들어가는 기분이어야 한다는 것은 아니지만, 또 그런 요구에 뭔가 기여해야 한다고 확신하는 한, 시간과 시간 관리를 생각하고 시간을 관찰하며 시간을 이야기하는 것, 그리고 제가 매달리듯, 시간에 대해 쓰는 것은 피할 수 없는 일입니다. 하지만 거기서 멈추면 안 됩니다. 관찰하고 결론을 이끌어내고 관련된 글을 쓰는 것만으로는 행복한 시간 생활에 대한 충분한 전제가 못 되니까요. 관찰하고 사색하는 대상으로서의 시간은 풍족하고 행복한 삶에서 단지 부수적인 것에 지나지 않습니다. 자신의 수면에 대해 생각하는 사람이 잠을 이루지 못하듯이, 끊임없이 시간문제에 매달리고 항상 시간을 아끼려는 사람도 온전하고 다양한 형태로 시간을 경험하거나 누리지 못하죠. 보다 나은 때를 기다리는 것은 의미가 없어요. 그런 시간은 늘 눈앞에 있으니까요. 그저 내 쪽으로 불러들이기만 하면 됩니다.

'시간'이라는 주제는 시대를 초월해 매혹적인 주제로 보입니다. 왜 그럴까요?
그 질문에 대해서는 스위스의 위대한 문화사가인 야콥 부르크하르트 Jacob Burckhardt가 대답을 주고 있습니다. '인간은 바다에서 우리를 앞으로 나가게 해주는 파도에 대해 알고 싶어 한다.' 그는 이렇게 말하고 즉시 덧붙입니다. '하지만 파도는 우리 자신이다.' 부르크하르트의 말은 시간 인식은 언제나 자기 인식이기도 하다는 뜻으로 이해해야 할 겁니다. 도대체 시간이 무엇인지, 실제로 시계처럼 째깍째깍 가는 건지 등, 시간에 대해 더 많은 것을 경험하려는 인간의 호기심은, 성인이 될 때까지 간직하고 있는 어릴 때의 연구열에 기인하는 것입니다. 우리가 '인생'이라고 부르는 것의 배후에 무엇이 숨어 있는지 밝혀내려는 호기심이죠. 사람이 시간에 표명하는 관심은 언제나 자기 자신을 향하는 호기심이기도 합니다. 그 때문에 시간에 대한 물음은 간단치 않고 그에 대한 대답은 한층 더 어려운 법이죠.

오랫동안 시계를 차지 않고 지내셨는데, 전에는 시계를 찬 칼하인츠 가이슬러였습니까? 그 두 존재 사이에는 어떤 차이가 있을까요?

네, 전에는 차고 다녔죠. 그리고 지금도 시계를 찬 칼하인츠 가이슬러로 지낼 때도 있어요. 중부 유럽인라면 누구나 그렇듯이, 저도 당연히 시계판의 시간이 중심이 된 사회에서 살고 있으니까요. 제 컴퓨터는 시계의 시간을 가리키고 있고 제가 창밖으로 내다보는 바로크 시대의 교회를 장식하는 것도 탑시계며 주방에도 알덴테면 요리를 하도록 시계가 째깍거리며 가고 있습니다. 하지만 그런 일은 평생 해온 것이어서 굳이 시계를 차야 할 필요성을 느끼지 않습니다. 정확성이라는 테러에 시달리는 학생으로서 저는 시계를 차고 다녀야 할 대상이 아니라 기껏해야 견뎌내야 하는 대상이라고 생각합니다. 제가 볼 때 시계는 자신을 사랑하도록 강요하는 독재자에 속하죠. 저는 시간을 사랑하지만, 시계라고 부르는 새장을 사랑하는 것은 아닙니다.

시간복지에 대한 생각 중에서 가장 중요한 세 가지를 꼽는다면 무엇이 있을까요?

1) 우리가 시간을 소유한 것이 아니라 우리 자신이 시간이라는 것

2) 우리가 시간에 집착하는 모든 것은 우리 자신에게 집착하는 것과 같다는 것

3) 시간을 소비할 수많은 기회를 이용하지 못하고 흘려보내서는 안 된다는 것

시간 연구가로서 많은 저서를 발간하고 빡빡한 강연일정을 소화하자면 선생님 스스로 시간을 현명하게 할당할 수밖에 없을 텐데요, 개인적인 '휴식 찬양'은 어떤 모습일까요?

휴식 찬양은 간단합니다. 횔덜린의 글을 읽고 손자들과 노는 거예요. 때로는 아무것도 하지 않거나 아무것도 하지 않는 상태에서 그저 바라보는 것이죠.

선생님의 실용서인 《시간은 꿀이다》를 보면, 시간을 적대자가 아닌 애인으로 보라는 말이 나옵니다. 실용적으로 평생의 시간을 관리하는 데 이런 관점은 어떤 이익이 있을까요?

사람은 시간을 향해 다가갈 수도 있고 시간을 자기 쪽으로 끌어들일 수도 있습니다. 이렇게 시간과 관련된 두 방식에서 성공적으로 균형을 취하는 것이 제가 일상적으로 직면하는 도전 과제입니다. 달리 표현한다면 '시간은 돈이다'와 '시간은 꿀이다' 사이에서 균형을 취하는 거죠. 여기서 '시간은 꿀이다'라는 발상은 시간을 생필품으로, 삶의 수단으로 보는 관점입니다.

삶에서 최고의 시간은 언제인가요?

삶에서 최고의 시간은 언제나 현재입니다. 어제나 내일이 아니라 현재일 때만 시간은 살아 있기 때문이죠. 시간은 언제나 오늘의 시점에서 현재 상태로 존재하는 것입니다. 또 내일이 와도 시간은 오늘로 존재하지요.

칼하인츠 가이슬러 박사는 경제교육 분야에서 퇴직한 교수로 많은 저서를 발표했고 시간 관리 능력이라는 주제로 인기 있는 연사이기도 하다. 현재 시간컨설팅연구소 'timesandmore'의 대표이며 뮌헨에 거주하고 있다. www.timesandmore.com

도심 탈출

야생의 세계로 과감하게 들어가라!

야생력을 갖추기

4년 전 3월초의 어느 날이 기억에 생생하다. 나는 서부 캐나다의 통나무집에서 위성으로 인터넷 접속을 하며 이메일에 있는 링크를 클릭했다. 메일은 400킬로미터 북쪽 카리부 산맥 한가운데 있는 웰스라는 벽촌에서 데이브가 보낸 것이었다.

링크는 구글 어스^{Google Earth}를 통해 지도상에 있는 아주 작은 녹색 점으로 이어졌다. 그 점은 캐나다의 보런 호수 주립공원을 발췌한 장면을 보여주었다. 아직 겨울이어서 공원은 완전히 고립된 곳이었다. 평범한 스노스쿠터나 스노모빌은 그곳에서 사용 허가가 나오지 않는다. 얼어붙은 호수를 건널 수 있는 것은 오로지 크로스컨트리 스키밖에 없다. 그곳은 거의 인간의 발길이 닿지 않은 황무지나 다름없었다. 험준한 산으로 둘러싸인 그곳은 126킬로미터에 걸쳐 호수들이 연이어 펼쳐져 있고 그 사이로 난 좁은 길이 호수를 가른다. 야외활동 애호가나 모험가에게는 이상적인 곳이라고 할 만하다. 여름에 공원 경비원들에게 숙소나 비상대피소 역할을 하는 조그만 오두막들에선 불을 지필 수 있고 먹을 것만 가지고 간다면 겨울에도 하룻밤 묵는 시설로 이용할 수 있다.

확실한 안전이 보장된 상태에서 순수하게 고독을 즐길 수 있는 곳은 극소수에 지나지 않는다. 이쪽의 호수에는 정확히 길을 일러 줄 사람이라곤 없다. 길은 본인 스스로 찾아야 하며 호수에 빠지지 않으려면 얼음이 갈라진 위험지역을 미리 파악하는 수밖에 없다. 또 거센 맞바람을 이겨내야 하고 눈 덮인 야생의 한복판에서 고독을 견딜 만큼 정신력도 강해야 한다.

정신적으로나 육체적으로 힘겨운 도전이라 할 만하다. 내 남편이 바로 이런 도전을 하기 위해 나섰다. 그는 며칠 전에 우리가 기르는 개를 데리고 임대한 크로스컨트리 장비와 물건을 잔뜩 실은 낡은 눈썰매를 챙겨 북쪽을 향해 길을 떠났다. 그 밖에 캠핑용 매트와 손도끼, 찻주전자, 시리얼 바, 그리고 몇몇 기본식량도 챙겼다. 그는 한겨울 보런 호수의 야생에서 7일을 보내고 올 작정이었다. 남편은 자연 속에서 이동하면서 혼자서 길을 찾고 자유를 만끽하며 내면의 목소리를 따라 전적으로 자신만의 모험을 경험하고 싶어 했다.

그가 야외의 리스크를 즐긴다는 것을 잘 아는 나는 기꺼이 보내주었다. 칼바람 속에서 날릴 눈을 맞다보면 방향을 잃을 위험도 있을 것이다. 그곳에서는 개썰매를 끄는 노련한 사람들도 썰매와 함께 호수에 빠진다. 위험하게 얼음이 깨진 곳을 뒤늦게 발견하기 때문이다. 그리고 물에서 용케 빠져나온다 해도 기온이 너무 차갑고, 구조대가 온다 한들 너무 오래 걸리기 마련이다. 그뿐 아니라 도대체 어디서 구조의 손길이 뻗친단 말인가? 사방 수킬로미터 내에는 사람이라곤 없다. 거기서는 자신밖에 의지할 사람이 없고 자신의 행위에 대해 스스로 책임지지 않으면 안 된다. 그렇지 않으려면 바로 나처럼 집 안의 따뜻한 난로 옆에 머물러야 할 것이다. 나는 딸과 함께 안전한 통나무집에 머물고 있었다. 문 앞에는 장작이 쌓여 있고 찬장에는 먹을 것도 있었다. 야외로 멀리 나가면 나는 편하지 않다. 안락한 기분이라는 측면에서, 나의 한계는 올라프보다 훨씬 작다고 할 것이다. 하지만 우리 두 사람은 서로 갈라진 길을 함께 가면서 잘 어울리기도 한다.

우리의 친구이자 보런 호수의 야생에서 안내자 역할을 하는 데이브가 첫날 구간에서 한동안 올라프와 동행했고 비상용 위치추적기까지 갖다 주었다. 조그만 위성수신 장치였다. 비상시에 올라프가 그것으로 위험신호를 보내면, 데이브가 몇 시간 혹은 며칠 내로 스키를 타고 올라프에게 달려갈 수 있도록 한 장치였다. 혹은 SOS 키를 눌러 헬기를 요청하면 기상 상황에 따라 헬기가 뜰 수도 있었다. 또 오케이 단추를 누르면 구글 어스를 통해 실제로 올라프가 머무는 곳의 좌표가 보이게 되어 있었다. 오늘밤은 내 컴퓨터로 보니 멀리 아이작 호수에서 올라프가 머무는 곳이 깜빡이고 있었다. '오케이' 표시였다. 한참 진행된 그의 모험을 확인하고 나서 나는 즐거워졌다.

올라프는 그로부터 정확하게 4일 후 돌아왔다. 구릿빛으로 탄 모습에 반짝이는 눈, 얼굴에 난 뻣뻣한 수염은 낯설어보였다. "내 평생 최고의 일주일이었어." 올라프는 요즘도 보런 호수의 야생에서 혼자 보낸 여행을 이렇게 회상한다. 또 이렇게 말할 수도 있을 것이다. "나는 꿈을 실현했어. 이제부터 경험하는 것은 인생의 덤이야. 금상첨화지!"

그가 무슨 말을 하는지 이해한다. 그것은 올라프가 완전히 혼자 자연의 깊숙한 곳에서 지낸 일주일이었다. 조심해야 할 한계가 있다는 것을, 동시에 자신에게 주어진 힘의 원천도 있음을 경험한 특별하고도 독특한 시간이었다. 요즘도 그는 거기서 힘을 만들어낸다. 야생의 힘을.

야생이 시작되는 곳

아마 지금 당신은 정말 그 정도로 야생이어야 할 필요가 있느냐고 생각할지도 모르겠다. 사실 나는 발에 동상 걸리는 것도 싫고 캐나다 북부나 아시아의 밀림에서 혼자 길을 뚫고 나가는 것도 싫다. 이렇게 보면 당신 생각이 맞을 수도 있다.

사람은 누구나 자신만의 체험 공간을 찾아야 한다. 오히려 문제는 첫걸음에 달려 있다고 볼 수도 있다. 그리고 처음에는 잘 손질된 도심 공원이나 도심과 인접한 숲에서 시작할 수도 있다. 많은 사람의 경험을 기준으로 볼 때, 자연환경에 익숙해지고 점점 자연에 대한 확신이 들면서 멀리 나가거나 좀 더 야생적인 장소를 찾고 싶어 하는 동경이 자라는 것을 알 수 있다.

당신에게 야생은 어디서 시작되는가? 더 이상 고압선과 송신탑이 보이지 않는 곳인가? 헬기를 타고 가야 하는 곳인가? 동물원의 창살 너머로 보이는 짐승들이 사는 곳인가? 외로운 며칠을 보낸 뒤 다시 사람을 만난다는 기대에 부푸는 그런 곳인가? 아니면 아무도 안 보는 가운데 벌거벗고 호수에 뛰어들 수 있는, 그래서 낙원 같은 기분이 드는 그런 데인가? 어떤 사람에게는 도심의 공원도 야생의 느낌을 맛보기에 충분할 수 있고 또 어떤 사람은 위험이 수반되는 외딴 곳으로 가야 비로소 야생에 온 기분이 들지도 모르겠다.

이때 떠오르는 의문 하나. '정확하게 무엇이 야생인가?' 자연과 야생을 가르는 경계가 있는가? 흔히 야생이란, 길들지 않고 예측할 수 없으며 한눈에 알 수 없고 속을 들여다볼 수도 없는 으스스한 곳으로 묘사할 수 있다. 자연에 'un'이라는 접두사를 붙이면 야생이 된다고 말할 수도 있을 것이다. 그러면 야생은 인간의 문화적 질서에 반대되는 세계가 된다. 그것은 형태상으로 반反세계가 된다. 야생에서 풍기는 위험과 그와 연관된 (생명의) 리스크는 많은 사람에게 불안감을 부추긴다. 놀랄 일도 아니다. 하지만 야생이 수백 년간 인간의 생존에 위험한 공간이 된 까닭은 무엇보다 위험한 숲과 야수라는 이미지를 지녔기 때문이다.

야생Wildnis이란 말은 '개간되지 않은', '길들지 않은', '낯선', '사람이 살지 않는', '황량한' 등의 의미를 가진 고대독일어 'wildi'

혹은 'wilde'에서 온 것이다. 영어에서는 'wilderness'라는 말이 13세기에 처음 등장한다. 이 말은 'Wildtiernis(야수성)'으로 옮길 수도 있을 것이다. 'wilderness'는 후대에 와서 오늘날도 통용되는 'deer(사슴)'이라는 개념으로 변한 고대 영어 'deor(짐승)'과 연관이 있는 말이기 때문이다. 이렇게 보면 'wilderness'는 원시적이고 드넓은 곳으로서 대형 (야생)동물이 살 수 있는 거대한 미개발 지역을 말한다고 볼 수 있다. 예를 들어 아프리카에는 유명한 '빅 파이브'(사자, 코끼리, 코뿔소, 표범, 물소)를 볼 수 있는 지역이 있고 아시아 지역에는 호랑이와 코끼리가 자유롭게 사는 곳이 있으며 북방에는 곰과 늑대, 들소, 큰사슴의 서식지가 있다. 아무튼 이쪽에서는 늑대와 곰, 스라소니가 대형 육식동물에 속하며 사람들은 국립공원에서 이들에게 생존 공간을 마련해주고 싶어 한다.

사람이 '야수성'에서 멀리 떨어져 있을 때 안전을 느끼는 것은 분명하다. 사람은 농장이나 마을, 도시, 그리고 여기에 딸린 정원과 공원 혹은 경작지에서 질서가 잡힌 문화공간을 찾았다. 인류의 조상은 정착생활을 통해 먹고살기 위해 자연에서 이용 가능한 평지를 힘들게 싸워가며 획득했다. 인간이 황량한 자연에서 멀어질수록 바깥세상의 불확실성과 야성에 대한 두려움은 더 커졌다. '인간은 생존에 필요한 자연의 기준에 순종하고 길들었다. 그러면서 익숙지 않은 야생의 자연으로부터 떨어져 나갔다.'[15]

야생은 문명, 과학이나 기술, 풍속, 예술을 불러내는 과정과 완전히 대립되는 개념이 되었다. 야생은, 만들어진 사회적, 물질적 생존조건의 반대편이다. 야생을 길들이고 극복하고 문명화하려는 욕구는 이런 구분된 개념과 결부된 것이다. 야생은 정복해야 하는 곳으로서 사람이 살지 않고 통행도 어려운 공간이었다. 문명과 문화의 영향을 어떻게 평가하는가에 따라 야생의 이미지는 변하며 동시에 야생이라는 개념을 떠올릴 때 왜 오늘날 우리에게 더 이상 '해로운 것'이라는 생각이 먼저 들지 않는지, 그 이유도 설명이 될 것이다. 한편 야생은 여전히 오늘날에도 반대의 세계에 해당한다. 다만 이 반대의 세계가 간혹 묘하게도 동경을 자아내는 곳으로 이미지가 바뀌고 있다.

사람들은 점점 더 야생과 자유, 비구속성, 순수성을 연관 짓고 있다. 길들지 않은 자연은 도전과 매혹적인 모험, 긍정적인 느낌의 다른 세계가 되고 있다. 이 말이 믿기지 않는다면 기차역에 있는 서점으로 들어가 관련 잡지를 찾아보거나 아웃도어 용품 매장에 널린 야생의 홍보영상을 보면 수긍이 갈 것이다. 거기서는 믿을 수 없을 정도로 모든 것을 보여주며 집에 있는 사람도 접속할 수 있다. 이런 이유로 이 책에서는 '야생의 유혹하는 소리'라는 주제로 별도의 장을 마련했다.

2014년 독일 환경부에서 실시한 자연 인식 연구에서는 처음으로 독일인들을 상대로 야생이라는 주제와 관련된 설문조사를 했다. 그 결과 독일인 중 3분의 2가 자연이 야생적일수록 자연을 좋아하는 것으로 드러났다. 야생과 접촉하고 싶은 바람은 엄청나게 컸다. 압도적인 다수는 야생이 접근 가능하기를 바랐으며 접근할 수만 있다면 그에 필요한 야생보호규정도 감수할 수 있다고 대답했다.

연방환경장관인 바르바라 헨드릭스는 연구 결과를 발표하는 자리에서 이렇게 말했다. "야생의 자연은 동식물뿐만 아니라 인간을 위해서도 포기할 수 없다. 독일인들은 자연애호가들이다. 이것이 자연에 더 많은 면적을 돌려주려는 우리의 목표에 순풍 역할을 하고 있다."[16] 이 목표야말로 정말 주목해야 한다. 독일은 2020년까지 국토 면적의 2퍼센트를 대규모 야생지역으로 설정하고 그곳에서 자연환경이 인간의 방해 없이 스스로 조성되도록 한다는 목표를 세웠다. 2007년에는 13년간 330개 목표와 430개 조치가 담긴 생물학적 다양성을 위한 국가전략이 연방정부에 의해 수립되었다. 물론 이 목표가 구속력을 가진 것은 아니다. 어쨌든 독일이 실제로 얼마나 야생화될지 흥미롭게 지켜볼 일이다.

지금까지 16개 독일국립공원이 현재 연방 전체 면적의 0.6퍼센트를 넘지 못한다는 것을 감안할 때, 독일에서 원칙적으로 더 많은 야생을 확보하지 못할 것은 분명하다. 이것은 작가이자 기자인 발터 슈미트Walter Schmidt가 '자연보호: 이 땅에서 야생을 늘린다는 말은 국립공원을 늘린다는 말'이란 기사에서 쓴 표현이다. 그의 조사에 따르면, 네덜란드나 체코공화국, 오스트리아 같은 나라에서는 국토 면적의 3퍼센트가 국립공원으로 확인됨으로써 훨씬 성공적인 것으로 보인다.

세계자연보호연맹이라고 할 IUCN(국제 자연 및 천연자원 보전연합)

은 야생을 다음과 같이 규정한다. '광활하고 원시적인 혹은 (지극히) 일부만 변형되어 자연의 특징을 보전한 지역으로서 지속적이거나 유의미한 인간의 거주가 발생하지 않은 곳. 보호관리가 자연 상태 유지에 기여하는 지역.' 야생은 두 가지 카테고리로 묘사되는데, 생태적인 연구 부분과 인간의 휴양과 자기형성을 위한 자연보호 부분이 그것이다. 따라서 야생은 깊은 의미가 있고 보호할 가치가 있으며 우리 인간에게 이롭다고 할 수 있다. 여기까지는 좋다.

흥미로운 것은 자연에 거주하는 원주민들의 언어생활에서는 야생이라는 개념이 없다는 것이다. 이건 또 왜 그럴까? 토착민들에게는 그들을 둘러싼 자연환경이 언제나 고향이고 낯익은 것이기 때문이다. 야생이란 개념은 그것을 이용하는 우리를 넘어서는 뭔가를 말하는 것이다. 문명화되고 문화적으로 질서 잡힌 터전에서 사는 사람이라면 누구에게나 야생은 대조적인 개념이다. 만일 야생에 접근하려고 한다면, 우리는 보다 안전한 문화적 공간을 벗어나 낯선 환경에 자신을 개방하고 자신의 행위에 책임을 질 준비를 해야 한다. 이때 요구되는 것이 개방적인 태도와 용기, 호기심이며 이것이 결국 우리의 머릿속에서 시작되는 야생이다. 그러므로 야생교육가인 포켄이 '우리는 머릿속에 야생이 필요하고 숲에서는 생물학적 다양성이 필요하다'[17] 라고 주장할 때, 그의 말에 동의할 수밖에 없는 것이다.

야생력:
'무조건 - 밖으로 - 효과'

미시건 대학교의 연구가이자 심리학자인 레이첼과 스티븐 카플란
Rachel & Stephen Kaplan 부부는 수년 전부터 '밖에 있는 것'이, 즉 야생
으로 나가는 것이 인간의 건강에 주는 효과가 무엇인지 그 비밀을
밝히는 연구를 하고 있다. 여기서 두 사람은 이른바 '떨어져 있는
것'을 최대의 효과로 꼽았다.

　우리 부부는 이것을 '무조건 - 밖으로 - 효과'라고 부른다. 당신
도 경험을 통해 이런 느낌을 분명히 알고 있을 것이다. 숲에서 한
시간만 산책해도 바람에 흔들리는 전나무와 활엽수림에서 바스락
거리는 나뭇잎, 숲속의 빈터 위로 공중을 맴도는 말똥가리, 들판
너머 어스름 속에서 언뜻언뜻 보이는 노루 등, 아주 다양한 색조
의 명암이 조화를 이루는 녹색의 물결을 바라보노라면, 4분기 보
고서라든가 아이들 때문에 속 썩은 일, 일에 대한 걱정, 마음속에
부담스러운 할 일의 목록 같은 것을 말끔히 잊어버릴 것이다.

　우리는 직관으로 혹은 실생활의 경험을 통해, 야외로 나가 내면
을 충전하는 것이 보람 있다는 것을 안다. 자연 속으로 들어갔다
나올 때는 실제로 다른 상태가 된다. 연구 결과에 따르면, 의도적
으로 자연을 찾아 오지 깊숙이 들어간 사람은 그 기간에 평소 자
신에게 압박이나 영향을 주는 것 따위를 초월한다는 것이 확인된
다. 가령 사람들의 평판이나 소비세계의 영향, 디지털 네트워크에
대하여, 또 자신의 역할이나 다른 사람의 기대 같은 것에 초연해

진다는 말이다. 이미 20년 전에
카플란 부부는 흥미로운 관찰을
하게 되었는데, 지금은 ART(주의
력회복이론)라는 이름으로 알려진

우리는 직관 혹은 실용적인 체험으로
야외로 나가 내면을 충전하는 것이
보람 있다는 것을 안다.

이론이다. 그 바탕은 미국의 심리학자 윌리엄 제임스로 거슬러 올라가는 것으로, 사람의 뇌가 서로 다른 두 가지 형태의 주의력을 구분한다는 인식에서 나온 것이다. 즉 목표를 둔 주의력이 시간이 가면서 지치는 데 비해, 방향이 없는 주의력은 무의식에서 비롯된 집중력으로서 부담 없는 뇌의 활동으로 이어진다는 것이다.

당신이 비교적 오랜 시간 집중해서 문제 해결을 위해 혹은 창의적으로 일한다고 상상해보라. 이것만으로도 이미 긴장 상태를 만든다. 아마 피곤해질 것이다. 그때 휴대전화 벨이 울리거나 이메일이 도착했다는 신호음이 들리면 방해를 받거나 경우에 따라서는 압박감을 느낄 수도 있으며 그 기간이 꽤 오래 걸리면 스트레스 무한루프가 발생하고 이는 만성화된 탈진 상태로 이어진다.

카플란 부부는 사람들이 야생의 환경에서 트레킹을 하거나 숲길 산책을 할 때는 힘들이지 않고 정신집중을 했다는 것을 밝혀냈다. 그런 사람들은 자연을 관찰한 것을 잘 묘사할 수 있었으며 뛰어난 집중력을 발휘하고도 쉽게 회복되었다. 이것은 따로 초점을 맞추지 않은 잠재의식의 주의력이 자연의 인지를 통해 활성화되면, 뇌의 부담을 줄여줄 뿐만 아니라 활동력을 강화시켜준다는 것을 암시했다. 자연에서 사람은 일상과 거리를 두면서 주의력이 강화된다는 말이다. 주의력은 야생에서 새로워지고 활성화되며 복

원된다. 카플란 부부는 이 현상에 매혹이란 개념을 사용했다.[18]

이 책을 쓰는 동안 우리 부부는 이러한 뇌 복원 효과를 완전히 의도적으로 활용하는 중이다. 우리는 우리를 둘러싼 자연에서 힘을 얻는다. 내가 야외에서 이토록 자주 컴퓨터 앞에 앉아 있거나 자연에서 일터를 찾은 적은 일찍이 없었다. 우리는 숲속의 나무 벤치나 산기슭 혹은 호반의 풀밭 등을 일하는 장소로 활용했다. 우리에게 이런 곳은 유난히 창의적인 영감을 주는 글쓰기의 오아시스에 해당한다. 그 밖에도 해가 갑자기 구름 사이로 하늘을 분홍빛으로 물들이거나, 발아래 가파른 산허리에서 호수까지 펼쳐진 풍경이 눈에 들어올 때, 혹은 수달이 눈앞의 강물에서 헤엄쳐 다니는 모습이 보일 때, 우리는 자연에 매혹된다. 자연이 사람을 매혹시킨다는 것은 이미 어린애들에게서도 목격할 수 있다. 나무 아래 사방이 트인 유모차에 앉아 있는 아이는 종종 주변 환경에 완전히 집중한다. 바람이 스치고 지나는 소리, 나뭇잎이 바스락거리는 소리, 나뭇잎의 작은 움직임 등, 이 모든 것이 아이의 관심을 끈다. 성인에게는 야생력에 속하는 요소가 추가된다. 그것은 우리가 완전히 손에 넣고 다스리거나 관리할 필요가 없는 거대한 관계의 일부라는 느낌으로서, 겸손한 태도라고 할 수 있다. 그런 관계에 편입되거나 소속될 수 있고 사소한 것에서 위대함을 느끼며 깊이 감사하는 감정을 맛본다면, 예컨대 건축학적으로 흥미로운 도시나 미술관을 방문할 때보다 훨씬 진한 자연의 체험을 불러일으킬 수 있다.

자연은 우리에게 사소한 것들이 의미를 획득하는 공간을 부여한다. 이 말은, 더 야생적이고 일상과 더 대립되며 인간의 손길이 안 닿은 미개발 상태의 지역일수록, 그에 따르는 경험은 그만큼 더 깊이가 있다는 뜻이다.

야생 및 체험교육가들이 흥미를 보이는 사람들에게 제안하는 '솔로'는 도심의 공원에서는 거의 발생하지 않는다. 가시적인 문명의 표시가 사라진 곳, 인간이 전적으로 혼자 자신의 감각과 정신적, 육체적 힘에 의존하는 곳에서 야생력이 효과를 발휘하는 공간은 시작된다. 다양한 사람들이 자연 및 야생지역에서 이런 경험을 하는 것을 보면 놀라울 따름이다.

우리는 한 여학생이 야외의 숲에서 하늘을 베개 삼아 하룻밤 묵는 계획을 놓고 극도의 불안에 휩싸여 회피할 핑계거리를 찾으며 울먹이는 것을 목격했다. 그 학생은 혼자도 아니었고 위험한 야생에 아무런 보호 대책 없이 노출된 상황도 아니었다. 문제는 체험교육의 틀에서 훈련 경험이 없었다는 것이다.

이와 반대로 부자父子 캠프에 참여한 노련한 사업가들은 적극적인 반응을 보였다. 이들은 어릴 때의 추억을 품거나 경험해보지 못한 것을 동경하는 자세로 숲 한가운데 캠프파이어 주변에서 하룻밤을 보내다 별을 바라보며 잠들었다. 여기서 분명한 것은, 오늘날 야외의 노천에서 그런 존재의 경험에 의존하는 사람이 이제는 많지 않다는 것이다. 이런 식의 경험은 직관적으로 자신이 겪은 삶의 체험과 결합되며 그것을 내면에 강렬한 상징으로 저장하고 이용할 수 있다는 인상을 준다. 100살이 훨씬 넘은 나무는 우리 이전에도 삶이 존재했고 우리 사후에도 존재할 것임을 분명히 보여준다. 독특한 모습을 한 나무뿌리는 우리 삶의 뿌리를 사색하도록 자극한다. 이런 시간은 당면한 현실의 문제를 상대화시키고 그것을 속세의 잣대로 바라보지 않도록 도와준다.

떨어져 지내는 것, 즉 디지털에 구속된 일상과, 소비와 광고의 영향과, 보통 남녀가 행하는 일과로부터 떨어져 있다는 것은 삶의 부담을 엄청나게 줄여준다. 레이첼과 스티븐 카플란이라면 아마 '일상의 환경에서 떨어져 지내는 생활은 영혼에 다양성을 위한 자유공간을 마련해주고 그와 더불어 거대한 회복효과를 제공한다'라고 표현할 것이 분명하다. 내면의 저항력이 강화되고, 그때그때 본질적인 것을 생각해낼 수 있을 것이다. 이렇게 볼 때, 맘먹고 가깝거나 먼 야생으로 떠나는 것은 신체와 정신을 위한 재출발이자 갱신의 기회다. 무조건 야외로 나가 스스로 힘을 충전하라. 이것이 바로 영국인 앨라스테어 험프리스Alastair Humphreys가 도시를 떠나 가까운 곳에서 모험하며 강조한 것이다.

가까운 야생에서의 소모험

험프리스는 이미 자전거를 타고 세계 일주를 했으며 도보를 통해 숱한 산맥과 사막을 탐험해본 사람이다. 그가 모험가와 트레킹 전문가를 자처하는 것도 당연하다. 흥미로운 것은 이 영국인이 대모험가에서 지역의 소모험가로, 이른바 마이크로 모험가로 변신하면서 유명해졌다는 것이다. 예를 들어 험프리스는 런던 주변을 트레킹하면서 가까운 숲에서 밤을 보내거나, 잠수복을 입고 조그만 강물에 떠내려가는 경험 같은 '5시부터 9시까지의 모험'을 추천했다. 즉 퇴근 직후에 자전거를 타고 강변으로 나가라는 것이다. 그런 곳에 가서 하룻밤 야영할 곳을 찾아 캠핑용 매트와 침낭을 펴놓고 가스버너로 커피를 끓여 마시며 삶에 대한 시각이 어떻게 변하는지 관찰하라는 것이다. 그는 군이 세상 끝까지 찾아가 돈을 들이지 않아도 되는, 소모험만으로도 대모험과 똑같은 메커니즘이 작용한다는 것을 확인했다.

'야생'을 찾아가기 위해 도심의 집과 안전한 보호막을 떠나는 사람은 자신에게 새로운 혹은 일상적이지 않은 뭔가를 행하는 것이다. 그런 사람은 지평선이 넓어지는 것과 권태가 사라지는 것을 경험한다. 삶이 갑자기 흥미진진해지는 것이다. 험프리스는 "아름다움은 언제나 저 밖에 있다"라고 말한다. 바꿔 말해, 시작하기만 하면 된다. 무엇보다 야외에서 하는 식사에 특별한 가치를 느낄 것이다. 스스로 움직여서 피곤해지고 지치는 사람에게 식사는 특별한 의미가 있다. 그것은 맛의 순수한 향유로서 감각이 활성화되고 빵은 갑자기 일용할 양식이 된다. 한 조각 치즈가 혀끝에서 녹고 맑은 물은 맛 좋은 포도주처럼 입에 착 달라붙는다. 평소에 당연하다고 생각했던 것에 저절로 감사하는 마음이 생길 것이다. 아마 당신은 비교적 긴 트레킹을 했을 때 이런 경험을 해보았을 것이다. 보통은 휴가를 갔을 때, 혹은 자연보호구역이나 아직 원시적 자취가 남아 있는 지역에서 이런 경험을 한다. 자동차의 소음이 요란하고 산책로도 없이 곳곳에 인간의 자취가 흘러넘치는 집 앞

'아름다움은 언제나

저 밖에 있다'

바꿔 말해

시작하기만 하면 된다.

에서는 경험할 수 없는 것이다.

대체 무엇이 야생일까? 험프리스는 모험이 주변 환경을 특별하게 만든다고 말한다. 자연사회학자들은 휴경지와 이용을 중단한 숲, 자연 상태를 유지한 하천 같은 것을 가리켜 '도심의 야생'이라고 한다. 그동안 우리는 도심 한복판에서 너구리나 멧돼지, 박쥐, 여우 따위를 보게 되었으며 이런 곳의 생물은 때로 농경지가 잘 정돈된 교외지역보다 더 다양하다. 생물학자들은 유럽의 대도시에서 종의 다양성을 관찰하며 매혹된다. 1만 종에 이른다는 말도 있는데, 휴경지가 많은 베를린은 통일 후 인기를 끄는 도시가 되었다. 게르하르트 피츠툼Gerhard Fitzthum은 동물학자들이 베를린의 텃새를 150종으로 추산한다고 쓰고 있다. 이 수치는 아이펠 국립공원의 텃새보다 50종이 많은 것이다.[19] 야생이란 개념은 아주 폭넓게 쓰이므로 단지 사람의 손이 닿지 않는 지역으로만 제한한다면 잘못일 것이다. 이런 점에서 험프리스가 가까운 주변지역을 소모험의 목표로 선정하고 그와 더불어 야생을 다시 일상의 틀 속에 포함시킨 것은 충분히 타당하다.

문제는 문턱을 넘어가 자신을 개방하고 좀 더 야생적으로 사는 것이다. 왜 오늘 당장 시작하지 않는가? 당신 집 뒤의 자연이 어떻게 생겼는지 한번 생각해보라. 2~3킬로미터 떨어진 곳의 풍경은 어떤 모습일까? 당신이 올라가 정복할 수 있는 강변이나 언덕, 숲이 있는가? 경험에서 말하건대, 보람 있을 것이다. 일을 마친 다음 무조건 배낭에 약간의 먹을 것을 넣고 집에서 들판을 가로지르거나 아니면 지하철을 타고 몇 정거장 지나 내린 다음 적당한 곳을 찾아보라. 혼자 있는 맛을 즐기고 자연을 인지하면 힘이 생길 것이고 열린 하늘 아래서 일몰을 감상하는 와중에 하루가 달라질 것이다. 일상에서 야생의 하루가 생기고 그 하루는 갑자기 24시간이 넘치는 듯한 느낌을 받을 것이다. 소모험가 험프리스는 모험가들은 목표가 있지만 길가에서도 흥미로운 것을 본다고 말한다. 문제는 이렇게 예리한 주의력이다. 집으로 돌아갈 때면 과감한 모험에 대한 자부심이나 감사와 더불어 주의력도 함께일 것이다.

집 앞의 아웃도어:
소망과 현실

대형 플래카드를 지나칠 때마다 내 마음속에는 동경이 솟구친다. 거기에는 웅장한 자연의 파노라마 앞에 조그만 텐트가 쳐진 그림이 들어 있다. 그것만으로도 땅과 잔디의 향기가 물씬 느껴진다. 그러면 벌써 머리에 휘날리는 바람을 느끼면서 머릿속으론 '우리 내일은 어디로 가지?' 혹은 '오늘밤은 어디서 잘까? 밤에 땔 마른 장작은 충분할까?'라는 의문만이 요동친다. 그 밖에 나머지는 중요하지 않으니까. 틀에 박힌 일상에서 멀어진다면, 시간 약속과 시험의 스트레스에서 벗어나기만 한다면, 나로서는 완전 만족일 것이다. 그림 속의 텐트 옆에 쓰여 있는 광고카피 '집 앞의 아웃도어!'가 바로 내가 원하는 것인지도 모르겠다.

요즘 광고 카피라이터들은 그 분야에서 확실히 출중한 능력을 보여준다. 현재 추세와 소비자의 은밀한 소망을 분석하고 목표 집단을 향해 아주 분명히 메시지를 압축해 정곡을 찌를 때가 많다. 자연을 찾아 밖으로 나가거나 산책 혹은 트레킹을 좋아하는 사람들의 지갑을 노리는 경우에는 특히 그렇다.

아웃도어 용품 브랜드인 잭 울프스킨은 '우리는 꿈의 힘을 믿는다. 자유와 독립과 행복의 꿈을'이라는 광고를 한다. 잭 울프스킨 웹사이트에 소개된 경영철학이 바로 그것이다. 사장인 멜로디 하리스 옌스바흐는 "'집 앞의 아웃도어!'라는 주제는 멋진 경험이나 놀라운 야외의 순간을 떠올리게 한다"라고 설명한다. 물론 그런 효과가 잭 울프스킨 장비로만 가능한 것이 아님을 잘 알지만 그 말에 전적으로 동의한다. 인터넷에는 유명 아웃도어 브랜드를 입는 소비자들은 컴퓨터로 실내온도를 조절하는 첨단기술의 캠핑카로 휴가를 가고 관광 가이드가 딸린 패키지여행을 예약한다며 분위기를 띄우는 통계도 나와 있다. 사실 개인별 트레킹으로 휴가를 가는 사람은 극히 일부에 지나지 않는다는 것이다. 다만 유감스럽게도 통계의 근거는 찾아볼 수 없다. 요즘 유행하는 관광축제나 뒤셀도르프에서 4만 명이 참여했다는 '투어나투어'를 살펴보면, 방문자들이 고급 아웃도어 복장을 즐겨 입고 야생으로의 동경을 실현하려 하면서도 안전이나 질서 정연한 세계를 포기하려고 들지 않는다고 한다. 하지만 이 말에는 부쩍 의심이 든다. 사람들의 동경을 이용해 매출을 올리려는 것이 분명하다.

또 셰펠의 광고를 예로 들면, 무조건 야외로 나가라고 유혹하면서 '낮 동안에 틈틈이 잠을 자는 사람, 실내에서 걷기 운동하는 사람, 페이스북을 통해 농사를 짓는 사람' 등을 대상으로 고어텍스로 가린 어깨를 보여준다. 문제는 야생과 자연이 직접 부딪치는 경우, 소망과 현실이 어떤 관계에 있느냐는 것이다. 야생은 자유와 모험, 완전히 새로운 자기인지를 약속하며 유혹한다. 이런 유혹에 넘어가 자신의 삶을 바꾼 남녀가 있다.

야생이 유혹하는 소리

1903년 잭 런던Jack London이 《야성의 부름》이란 작품으로 유명해지고 부자가 되었을 때 그는 고작 29세였다. 엄밀히 말해 알래스카의 황량한 야생에 대한 매혹적인 묘사는 런던에게 20세기 초 골드러시를 서술하기 위한 배경에 지나지 않는다. 이 젊은 작가는 버크라는 개의 시각으로 북방의 야생과 인간의 탐욕, 이런 불모지의 외로운 삶에 수반되는 특징적인 변화를 묘사했다. 독자는 마치 본인이 직접 알래스카에 갔다 온 듯한 느낌을 받으며 묘사의 진수에 매혹되었다. 이상할 것은 없다. 잭 런던은 29세에 이미 평생을 산 사람보다도 많은 것을 두루 경험했기 때문이다.

그는 14세부터 통조림 공장에 나갔는데 하루에 14시간 이상 일할 때가 많았다. 런던은 이런 환경에서 탈출을 시도했는데, 그의 표현을 따르자면 무의미한 존재로부터 벗어나기 위해서였다. 런던은 돈을 빌려 낡은 보트 한 척을 사들인 다음 샌프란시스코 앞

바다에서 '프리스코 키드'로서 굴 채취를, 정확히 말해 굴 약탈을 하러 다녔다. 이후 그는 기차를 타고 전국을 떠도는 모험을 하며 알래스카까지 갔다. 그 사이 틈틈이 일을 했고 작가로서 끊임없이 자신의 이야기를 팔려고 시도했다. 완전히 실패할 때도 많았다. 런던은 고충을 겪는 와중에도 좌절하지 않았고 대담했으며 호기심을 잃지 않았다. 그가 보여준 창의적인 정신력은 특별한 것이었다. 게다가 그는 강인한 신체적 활력 또한 타고난 것 같다. 오늘날의 기준으로 본다면, 오뚝이 같은 회복탄력성에서 나오는 지칠 줄 모르는 정신력에 최고 점수를 주어도 될 것이다. 앞서 야생의 정의를 언급하며 'un'이라는 말과 연관 지었던 것을 기억할 것이다. 바로 이런 특징이, 야생을 묘사하는 데서 그치지 않고 실제로 체험하기까지 한 잭 런던에 딱 들어맞는다고 할 것이다.

그리고 바로 이런 점이 매혹적이다. 사람들은 순수하고 직접적인 체험을 동경하면서도 동시에 그에 대한 불안도 품고 있다. 야생은 상징적인 동시에 현실적인 자유의 장소다. 여기서 문명의 압박은 멀리 떨어져 있다. 각 개인은 자신의 능력과 함께 이런 요소도 계산에 넣는다. 여기서 체크카드나 지위 따위는 아무 도움도 못 된다. 해당 지역이 더 야생적일수록, 그때의 체험이 생존에 위험할수록, 사회적인 서열은 의미가 없는 법이다. 바로 그런 아웃도어에서 당신이 실제로 누군지가 드러날 것이다.

이렇게 자신과 만나고 자신의 효능을 감지하고 싶은 동경을, 사람들은 오늘날까지 산과 황야, 바다, 숲으로 몰고 간다. 정신과학자이자 《시간》의 저자이며 열광적인 자연여행 안내자이기도 한

게르하르트 피츠툼은 '왜 사람은 온갖 난관이 도사리고 있는데도 불구하고 야생에 매혹되는가?'라는 질문에 진화와 결핍 두 가지로 설명한다. 진화론적인 측면에서 볼 때 인간의 유전자에 대초원에 살던 원시인의 자취가 남아 있다는 것은 부인할 수 없는 사실이다. 이 때문

에 현대인이 아무리 도시 환경에 적응하고 온갖 기술로 안전하고 안락하게 주변을 치장해도 이 모든 것은 잠재의식에서 권태와 의욕 상실을 불러일으킨다는 것이다. 여기서 야생과 모험, 기본적인 요소의 매력이 작용한다. 세계 최대의 환경기구인 WWF(세계자연보호기금)의 주목할 만한 홍보영상이 있는데 제목이 '나는 자연이다'라고 붙어 있다. 인간은 그가 하는 일이나 페이스북의 프로필, 혹은 조직의 단순한 구성요소 이상의 존재임을 주제로 한 영상이다. 인간은 이 자연의 일부이고 끊임없이 기본적이고 근본적인 삶의 체험을 필요로 하며 이를 통해 감각이 활성화되고 활발한 활동이 가능하다는 것이다.

결핍의 논리는 순수한 야생이 점점 더 줄어들고 온전한 자연지역이 갈수록 희귀해진다는 주장을 대변한다. 이 희소성의 가치가 그런 지역의 매력을 강화시킨다는 말이다

우리 인간이 자연에서 소외될수록 야생 개념과 연관된 경력은 그만큼 더 멋지게 보인다. 그것은 매혹적이고 네오 네이처 붐으로

이어지는 반대 세계다. 하지만 아웃도어 분야가 인기를 끈다고 해서 때 묻지 않은 자연에 대한 사회적으로 높은 한쪽의 관심과 실제로 자연으로 나가는 다른 한쪽 사이에 모순이 있다는 것을 간과해서는 안 된다. 야외에서 자유 시간을 누린다고 할 때, 많은 자연애호가는 멋진 시골길에서 트레킹을 해도 길을 자세히 알 수 있고 위험을 미리 피할 수 있는 지역을 선호한다. 황무지로 묘사되는 곳은 기피한다는 말이다. 미국의 법적 개념으로 볼 때, 야생은 보호구역이다. 그곳에서 인간은 동식물이 차지하는 생물공동체의 손님이다. 때로는 맨발로 좁은 둘레길로만 이동해야 하며 오래 머물러서도 안 된다. 야생의 세계에서는 또 교통안전의 의무가 없다. 그러므로 누구나 스스로 위험을 인지하고 위험한 상황에 대비해야 한다. 이런 전제는 야생에 접근할 때 뭔가 준비가 필요하다는 것을 보여준다. 소망한다고 되는 것이 아니다. 그렇다면 황량한 자연은 비바람에 견디는 옷을 입은 사람이나 산악안내인, 혹은 GPS를 휴대한 사람에게만 접근이 허용되는 것인가?

우리는 유명한 탐험가이자 독일 박식가의 마지막 세대 중 한 명인 알렉산더 폰 훔볼트^{Alexander von Humboldt}가 1802년 에콰도르에 있는 6,000미터 높이의 침보라소 산에 오를 때, 변변한 장비라곤 전혀 없었다는 것을 책을 통해 알고는 깜짝 놀랐다. 침보라소는 당시 세계에서 가장 높은 산으로 간주될 때였다. 물론 건널 수 없는 바위틈 때문에 훔볼트는 정상을 600미터 남기고 돌아서야 했지만, 그렇다고 해도 그가 등산화나 트레킹바지, 방풍 고어텍스 재킷 같은 것도 없이 거기까지 올랐다는 것은 믿을 수 없을 만큼 대

단한 것이다. 그림을 보면 훔볼트는 당
시 유행하던 도회풍의 검은 연미복에
하얀 넥타이 차림이었으며 로코코풍의
목이 짧은 장화를 신고 모자를 쓴 모습

인간이 자연에서 소외될수록
야생 개념과 연관된 경력은
그만큼 더 멋지게 보인다.

이다. 물론 오늘날 통상적으로 사용하는 장비가 없었다고 해도 훔
볼트가 야생의 환경에 필요한 것을 갖춘 것은 분명하며 그것은 지
금도 그의 기록을 통해 알 수 있다. 훔볼트는 꼼꼼하게 여행을 준
비했고 충분한 정보를 갖췄으며 자신의 신체상 강점과 약점도 잘
알았다. 또 발견에 대한 열정이 대단했으며 사치스러운 습관을 포
기하고 고생할 각오가 되어 있었다.

이런 사람은 자신이 좋아하는 것에 매혹되기 마련이다. 또 환경
을 이해하고 자연 속에서도 집에 있는 것처럼 편하게 느낀다. 야
생의 체험을 마음으로 바랄 뿐만 아니라 실제로 체험하려는 사람
은 이런 내면의 자세가 필요하다. 야생은 머릿속에서 시작하는 것
이기 때문이다. 멋진 아웃도어 복장이나 부대 장비는 필수적인 것
이 아니다. 모험가인 앨라스테어 험프리스는 비싼 장비에 많은 돈
을 소비하기보다 이미 갖고 있는 것을 활용한다는 원칙을 세우기
도 했다. 이렇게 해도 다음과 같은 경험을 하는 데는 충분하다. '나
는 불과 몇 시간 전에 숲에서 나왔다. 집에서 멀리 가지는 않았지
만 인간사회에서는 멀리 떨어진 곳이었다.'[20]

생명의 야생 원칙

사람이 살지 않는 야생의 자연으로 들어가는 이가 다치지 않고 온전히 길을 가려면, 좀 더 민감하게 주위를 바라보고 귀를 기울여야 할 것이다. 거기서 자기책임이 시작되고 문화경관에서 누리던 안락과 안전은 멈추기 때문이다. 가까운 곳에서 야생을 찾는 사람은 동시에 한 조각 자유를 찾는 것이다. 이런 사람은 활동적으로 변하고 적극적으로 길을 찾으며 자기 한계를 경험하는 가운데 자신을 좀 더 잘 평가하게 된다.

가령 미국의 자연과학자이자 지질학자며 작가이기도 한 존 뮤어^{John Muir}처럼 되는 것이다. 뮤어는 캘리포니아의 산과 숲에서 맛보는 고독을 활용해 활력과 창작의 기쁨을 이끌어냈다. 웅장한 자연에 깊은 인상을 받은 그는 차츰 자연연구가에서 자연보호가로 변모해갔다. 1892년에 오늘날까지 이어지는 자연보호기구 시에라 클럽을 창립했으며 저술과 참여의식을 통해 당시 대통령인 루스벨트의 관심을 불러일으켰다. 1903년에 루스벨트는 실제로 뮤어를 방문하겠다고 통지했는데, 뮤어가 요세미티 주립공원에 보존된 야생의 자연에서 풍기는 아름다움을 직접 보여주겠다고 했기 때문이다. 약속한 날, 경호원과 개인비서, 캘리포니아 주지사, 사진사, 기자 등 30명이 넘는 수행원을 거느리고 대통령이 들이닥쳤을 때, 뮤어는 실망하지 않았으면 깜짝 놀랐을 것이 분명하다. 그런 상태로 야생체험을 할 수는 없는 노릇 아닌가! 하지만 루스벨트에게는 은밀한 계획이 있었다. 대통령을 위한 대규모 환영

만찬이 개최되는 동안, 저녁 느지막이 뮤어와 함께 자리를 빠져나간 것이다.

이후 뮤어와 루스벨트는 커다란 세쿼이어 나무 아래서 바작바작 소리를 내며 타는 모닥불을 피워놓고 밤새 이야기를 나누었다고 한다. 아마 분명히 보람 있는 대화를 나누었을 것이다. 두 사람은 그 시간 서로 깊이 존중하는 마음과 우정으로 결속되었을 것이기 때문이다. 또 이들은 야생의 원칙에 대해서도 이야기했을 것이다. 가령 인간은 어떻게 야생의 힘을 삶에 이용할 수 있는지 하는 화제였을지 모른다. 뮤어는 한 지역을 지속적으로 보호하고 지원해 순수한 야생 환경이 조성되도록 하려면, 적어도 다음 네 가지 점에 주의해야 한다고 생각했다.

당신의 삶을 추구하라. 대지를 향유하라. 단 그것을 소유하지는 마라. 단호하게 당신의 실체를 찾아라. 인생을 단순화하라. 정말 좋아하는 것을 하라.

: 헨리 데이비드 소로

1. 야생은 자제를 요구한다. 인간은 이 지역을 경제적으로 이용하지 않겠다는 결의를 해야 한다.
2. 야생은 믿음을 요구한다. 인간은 야생의 자율 시스템이 가동함을 인식하고 자체의 성장과정을 허용해야 한다.
3. 야생은 책임을 떠맡는 것을 말한다. 인간은 야생으로 들어가는 자신의 자취를 인식하고 그곳에서는 오로지 동식물의 손님이라는 자각을 지녀야 한다.
4. 야생은 제한된 접속가능성을 말한다. 야생에 도로나 포장도로가

있어선 안 된다. 야생으로 들어가는 사람은 두 발에 의존해야 하고 어떤 흔적도 남겨서는 안 된다.

이튿날 아침 두 남자는 정확히 이 네 가지를 수행했다. 그들은 요세미티 공원을 방문해 경관이 뛰어난 글레이서 포인트 부근 텐트에서 야영했고 저녁에는 다시 모닥불 가에 앉아 사색했다. 대통령으로서는 정말 정상을 벗어난 특별한 나들이였을 것이 틀림없다. 눈이 내렸고 이튿날 아침 사방은 수정처럼 반짝이는 하얀 눈으로 뒤덮였다. 앞서 8주간 전국을 순회하며 200여 차례의 강연을 한 루스벨트는 마음속 깊이 휴식을 맛볼 수 있었고 자신에게 본질적인 것이 무엇인지 여유 있게 관찰할 수 있었다. 그리고 훗날 이때 야생에서 맛본 24시간의 여가를 '내 생애 최고의 하루였다'라고 말했다.

이로부터 불과 3년 후, 의회는 루스벨트의 재촉으로 요세미티 주립공원을 요세미티 국립공원으로 바꾸는 결정을 했고 이 거대한 야생의 자연을 특별히 보호하는 규정을 만들었다.

야생에 대한 감격은 전염된다는 것을 나는 경험으로 알고 있다. 아무튼 나는 올해 벌써 네 번씩이나, 우리가 하늘을 지붕 삼아 노천에서 밤을 보낼 때 쓰는 표현으로 '별 1,000개짜리 호텔'에서 올라프와 나란히 잠을 잤다. 몇 날 저녁은 사무실 문을 닫은 다음 호수를 찾아 밖으로 나가 일몰시간까지 생명력의 근원으로서 야생의 힘을 어떻게 이용하는지, 사색했다.

우리는 이 과정에서 야생의 규칙과 비슷한 네 가지 명제를 개발

116

했다. 여기서 생명력을 보존해주는 생명의 야생 원칙이 나온다.

야생 원칙 1: 자제

아무것도 하지 않는 시간을 누려라. 한 발 물러나 아무것도 하지 않는 존재를 인지하고 음미하라.

야생 원칙 2: 믿음

과감하게 사물을 가만히 내버려두고 믿어라. 우리는 야생으로부터 무엇이든 할 수 있는 게 아니라는 것을 배운다. 성장에는 공간이 필요하다. 당신은 더 커다란 단위의 일부다. 여기서 겸손한 마음이 생긴다.

야생 원칙 3: 책임

책임을 떠맡아라. 당신의 발걸음과 행위를 인식하라. 주변 세계를 주목하고 존중하라. 우리는 서로 결속돼 있고 서로 의존한다.

야생 원칙 4: 접속 가능성

디지털 세계와의 접속을 힘들게 만들어라. 항상 온라인 상태일 필요는 없으며 항상 접속 가능해야 하는 것도 아니다. 외부 접속을 제한하고 오로지 당신에게만 속하는 시간을 확보하라.

문화영역 외에 제한된 야생영역이 존재하듯, 삶에서도 인격이 계속 발전할 수 있도록 영혼을 위한 일정한 한계와 보호구역이 존재한다. 이것이 가능한지의 여부는 우리 각자에 달려 있다.

과감하게 '무조건 밖으로!'의 모험을 시작하라

오늘은 저녁식사를 챙겨 피크닉을 나가라. 가능하면 조용한 외딴곳을 찾아본다. 초원이든 공원벤치든 강변이든 언덕이든 상관없다. 한동안 느긋한 기분으로 앉아 주변의 소리에 귀 기울일 수 있도록 방석도 챙긴다. 거기서 일몰까지 머무르는 것이다.

어쩌면 이 날 저녁을 한 줄의 글로 묘사하고 싶을지도 모른다. 그렇게 쓴 문장을 컴퓨터나 책상, 아니면 현관 위에 보이도록 걸어두어라.

야생의 밤

이것은 야생이라는 주제에 공개적으로 접근하는 용기 있는 사람들을 위한 행동이다. 배낭에 침낭과 캠핑용 매트, 비가림막으로 쓸 비박용 색, 뜨거운 물을 담은 보온병과 차, 비상식량, 손전등이나 헤드랜턴 등을 챙겨라. 과감하게 이런 소모험을 찾아 하룻밤 노천에서 잠을 자는 것이다.

주인의 허가를 받아 이용할 수 있는 장소도 있다. 예컨대 곡물창고 뒤의 풀밭이나 외딴곳의 오두막, 아니면 작센 스위스처럼 비박 장소로 알려진 곳(석굴)이 있다. 허락받은 곳에서는 더 맘 편히 잠잘 수 있다.

야생을 거실로

머릿속 야생이라는 주제를 소파에 앉아 감상하고 싶은 모든 사람을 위한 조언. 영화 〈인투 더 와일드〉를 보라. 알래스카의 야생에서 자기 자신을 찾고 사회의 가치를 생각하는 24세의 크리스 매캔들리스의 이야기를 숀 펜 감독이 영화로 만든 작품이다.

야생의 길을 밟기

익숙한 길과 다른 곳을 갈 때, 야생은 머리에서 시작된다. 가까운 곳에서 비교적 큰 공원이나 숲을 골라 지나가보라. 숲의 한 구간을 가로질러 가보는 것이다. 바짝 정신을 차리고 동물과 식물을 주의해야 한다. 이런 시도는 순간적인 집중력이 필요하고 골똘히 생각에 빠지는 것을 막아주며 인지능력을 강화해준다. 그리고 위치감각을 키워준다. 그래도 길을 잃지 않도록 조심해야 하며 눈에 띄는 지점을 기준으로 방향을 잡거나 사전에 지도로 확인해두어야 한다.

독일을 좀 더
야생화하기 / 볼프강 슐룬트와의 대화

국립공원의 관리인 하면, 경계하는 눈빛과 햇볕에 탄 피부, 억센 악수, 신중한 거동, 야외 주거지 같은 특징들이 떠오른다. 볼프강 슐룬트^{Wolfgang Schlund}는 녹색 사파리의 소매를 걷어 올린 차림이었다. 상의 호주머니에는 '슈바르츠발트 국립공원'이라고 수놓은 글자가 보였다. 바덴뷔르템베르크 주 최초의 국립공원 관리소장인 그는 80명의 직원을 거느리고 있고 생물학으로 박사학위도 땄지만 기관장으로서의 분위기는 찾아볼 수 없었다. 볼프강 슐룬트는 자신의 일을 좋아한다. 때로는 지극히 힘든 과제일 때도 있지만, 그는 슈바르츠발트를 '좀 더 야생화'하고 싶어 한다. 최근 몇 년간 그는 지칠 줄 모르고 수많은 행사를 치르며 슈바르츠발트 국립공원이 자연공원으로 지속 발전하도록 많은 노력을 기울였다. 그것은 누구보다 슈바르츠발트에 정착한 삼림경영 농

부나 제재소 주인들을 설득하는 고된 작업이기도 했다. 2014년 1월 1일, 국립공원으로 지정된 이후에는 더 쉬워졌지 않느냐고 말하는 사람도 있을지 모르겠다. 하지만 관료적인 측면에서 새로운 장애물이 생겼다. 지금으로선 도로법을 계몽한다든가 안내책자를 개편하고 수많은 민원에 대응할 프로그램 개발이 단시간에 많은 사람을 만족시킬 수는 없는 형편이다. 볼프강 슐룬트는 관리팀이나 직원들과 함께 완전히 공식적으로 보호하고 가꿔야 할 야생에서 힘을 얻는 것처럼 보인다.

그의 사무실은 슈바르츠발트 고가도로 바로 옆, 고갯마루 루에 슈타인에 있는 국립공원 방문자센터 1층에 있다. 밝은 색깔의 육중한 목재책상, 그 옆으로 벽의 나뭇가지 장식에 멋지게 박제된 뇌조, 하늘과 맞은편 숲 비탈이 보이는 전망은 그의 근무에 분위기가 중요함을 말해준다. 응접실에는 벌써 슈바르츠발트의 광천수가 준비되어 있다. 그가 먼저 묻는다. "여기서 할까요, 아니면 밖으로 나갈까요?" 우리는 전혀 망설이지 않고 대답했다. "무조건 나가요!"

집 뒤쪽에 있는 장작더미는 난방용 땔감으로 우리가 집중해 대화하는 동안 훌륭한 배경이 되어주었다. 우리는 야생이 저 밖의 어딘가가 아니라 마음속에서 시작된다는 것을 깨달았다. 슐룬트가 말한 대로, '진정한 야생은 마음에 있지 머릿속에 있는 것이 아니다. 머리로 생각하는 야생은 어디에도 없다'라고 할 수 있다.

슐룬트 소장님, 어떤 동기로 현재의 직업을 갖게 되었나요?

어릴 때 자연에 있는 집에서 살았어요. 우리 집은 약스트탈에 있었는데 저는 매일 밖에 나가 초원이나 숲으로 쏘다녔습니다. 부모님은 늘 '사내아이들은 사시사철 약스트 강에서 미역을 감는다'라고 말씀하셨죠. 물론 언제나 자발적으로 가는 건 아니었지만, 맞는 말이었어요. 제겐 소망하는 직업이 세 가지가 있었는데, 산림관리인과 작가, 생물학자였습니다. 저는 튀빙겐 대학에서 생물학을 공부하기로 결심했고 몇 차례 세계 곳곳을 트레킹하고 나서 마침내 슈바르츠발트에 오게 되었습니다. 엄밀히 말한다면, 이 일을 하며 소망하던 직업 세 가지를 모두 실천한다고 할 수 있습니다. 그래서 제가 하는 일을 좋아하는 거예요.

소장님은 북부 슈바르츠발트를 보호하며 야생 환경을 조성하고 있습니다. 야생을 어떻게 정의하시는지요?

야생은 생물학자들이 사용하는 전문적인 개념이 아닙니다. 일상의 통용어이자 오늘날 유행어라고 할 수 있어요. 우리는 국립공원을 문화경관에서 자연경관으로 발전시키고자 합니다. 야생화한다는 것이 올바른 표현이겠죠. 그것은 하나의 과정을 말합니다. 그래서 저는 여기 거주하는 사람들이 더 이상 볼 수 없는 공간을 만들거나 그렇게 지정하는 것이 중요하다고 생각합니다. 그렇다고 국립공원 운동 초기 미국의 옐로스톤 공원처럼 사람들을 숲에서 멀리 떼어놓으려는 것은 아닙니다. 사람도 자연에 속하니 자연을 밟는 것을 허용해야 합니다. 하지만 야생에 사람의 흔적이 보이게 해서는 안 되죠. 야생은 자연 자체의 법칙성으로 존재하도록 허용하는 영역이에요.

왜 야생이 인간에게 유익하다고 보십니까?

실제로 여기 소속된 사회학자들이 야생을 주제로 설문조사를 한 적이 있습니다. 그때 모험이나 자유, 불안처럼 자주 쓰이는 개념뿐만 아니라 광야, 원시 같은 개념도 야생을 연상시키는 말로 나타났어요. 저는 인간이 관여할 수 있을 때만 야생은 인간에게 유익하다고 생각해요.

우리는 특히 어린이와 청소년이 자연에 대해 얘기하며 아주 독특한 방법으로 자연에 이끌린다는 것을 계속 경험하고 있죠. 학교 생활에 적응하지 못하는 어린 여학생들이 기숙사에서 훈련하는 프로젝트가 있었는데, 미리부터 거의 포기하는 분위기였죠. 격리 장치가 없는 공간이라면 여자애들이 바로 달아날 거라고 지레 겁을 먹었으니까요. 그런데 반대의 결과가 나온 겁니다. 아무도 숲 캠프를 떠나려 하지 않았고 오히려 학생들은 자연에서 해방감을 맛보며 완전히 새로운 방식으로 캠프생활을 받아들였어요. '나는 서해안 둘레길에서 살아남았다'라고 쓰인 티셔츠를 입고 다니는 젊은이들이 있습니다. 서부 캐나다 해안지역의 야생에서 트레킹을 마친 여행자들이 현장을 떠나며 그 경험을 자랑하는 표현이죠. 이들은 대부분 내면적으로 강해졌다고 느낍니다. 자연이 부과한 도전을 극복한 겁니다. 그와 똑같은 것을 대도시 부근에서도 경험할 수 있답니다.

옛날부터 쓰던 보호림이라는 개념이 야생의 효과를 아주 분명하게 말해주죠. 우리는 자연의 이용과 인간의 영향을 금하고 있습니다. 요즘 자연캠프나 야생캠프에서는 인터넷이나 디지털 네트워크를 차단하는 경우가 많아요. 이런 것들이 긍정적으로 사람들을 사로잡고 또 유익한 기능을 합니다.

야생의 숲은 우리에게 어떤 가르침을 줄 수 있을까요?

겸손입니다. 야생의 숲은 모든 것을 할 수는 없으며 자연 스스로 길을 찾고 개척한다는 것을 가르쳐줍니다. 또 우리 인간은 전체의 일부에 지나지 않는다는 것도 가르쳐주죠. 아무튼 숲은 모두의 예상과는 달리, 인간의 호의적인 보호조치와는 전혀 무관하게 숲의 황폐화를 견뎌냈습니다.

야생의 원시림은 다양한 종이 상호 보완작용을 하고 서로 이익을 제공한다는 것을 알려줍니다. 오래된 고목과 새로 싹튼 어린 나무가 나란히 자랍니다. 고사목은 동식물에게 새로운 생존공간을 제공하고요. 다양한 관목과 활엽수, 침엽수가 함께 자라며 풍요로운 숲을 만들어요. 상업적 산림에서는 모든 것을 분류하고 이용 가치에 따라 평가하죠.

야생의 숲은 또한 수용과 자유, 성장력, 회복에 대한 생생한 예를 보여줍니다. 주의력을 위한 뛰어난 틀도 만들어줍니다. 저는 단체 방문객이 빌트제가 내려다보이는 고갯마루에 이르면, 언제나 혼자 말없이 걸으면서 길과 자연에 집중해보라고 당부해요. 자신이 관찰한 것을 설명할 수 있다는 것은 정말 멋진 일이죠. 딱따구리 집이나 나무 구멍에서부터 다양한 버섯의 종류나 동물 관찰에 이르기까지, 갑자기 작은 것들이 아주 위대해지는 경험을 하는 겁니다.

예컨대 우리는 초원과 시냇물이 딸린 30헥타르 넓이의 숲을 방문객에게 개방하고 통나무 오두막을 짓거나 시냇물을 가두거나 스스로 길을 찾는 기회를 제공하고 있습니다. 다만 이렇게 이용하기 위해서는 이곳을 떠날 때 원상복구를 통해 사용한 흔적을 남기지 않아야 한다는 전제조건이 붙어요. 이것은 강한 책임정신과 자기 통제가 있어야 가능한 것이지만, 그동안 방문단체가 불을 피우고 밤을 보내는 자연캠프를 운영해보니 전혀 문제가 없었죠. 가족이나 단체가 장기적으로 머무는 이런 캠프는 매진될 때가 많습니다. 이걸 보면 우리가 수요를 충족한다는 것을 알 수 있죠. 국립공원의 많은 지역을 둘러싸고 있는 자연공원과 연계해 앞으로 자연공원과 국립공원에서 트레킹할 수 있도록 코스를 두서너 개 더 개발할 생각입니다. 지금도 예컨대 빌트제를 지나는 코스처럼 매혹적인 장소에 아름다운 둘레길이 있기는 합니다.

여기에 숲 체험교실이 있던데, 어떤 곳인지요?
숲에 있는 시설인데 구불구불한 길과 많은 학습 자료를 갖추고 있습니다. 이 '교실'을 학급처럼 운영하는 거죠. 남녀 학생들은 여기서 직접 자연을 이해하는 법을 배웁니다. 오로지 칠판과 분필, 인터넷만 이곳에 없습니다. 자신의 체험과 감동을 학습의 동기부여로 삼는 거죠.

아이들이 어떤 길을, 예를 들어 로타르 길을 너무 멋지게 느끼고 자연에 매혹된 나머지 최신 유행의 멋진 운동화가 진흙투성이가 되든 말든 개의치 않고 곧 다시 그 길을 가고 싶어 한다면 대성공입니다.

국립공원을 관리하는 입장에서 경험이 없는 초보자라면 많은 어려움이 있을 텐데요. 이 일을 하며 소장님에게 힘이 되는 것은 무엇입니까?

저는 우리가 하는 일이 현재와 미래 세대를 위해 옳은 일이라고 분명히 확신합니다. 기계화되고 숨 가쁜 속도로 돌아가는 세계에서 사람들에겐 휴식과 에너지, 창의력이 필요합니다. 우리 인간에게 이 모든 것을 제공하고 강화시켜주는 것이 숲이에요. 야생의 숲은 고유한 유희공간과 성장공간을 제공하지요. 그것을 통해 우리는 창조의 세계가 자체의 진로를 따르도록 합니다. 자체로 진화하도록 하는 거죠.

인간은 자연 스스로 진화하는 것을 배우기만 하면 됩니다. 생물학자로서 저는 자연계가 생각보다 훨씬 더 큰 완충기억장치를 갖고 있음을 확인할 때마다 깜짝 놀라곤 합니다. 이곳을 찾는 방문객들은 '숲은 어떤 방향으로 계속 발전해야 합니까?'라고 물어요. 그러면 저는 '숲의 뜻에 달린 거죠'라고 대답합니다.

무조건 밖으로 나가라! 이런 자극적인 구호를 들으면 무슨 생각이 떠오릅니까?

자유죠. 단번에 자신이 책임지는 곳으로 갈 수 있는. 전화도 없고 행사도 없고 아무 규제도 없는 일상이 주어지는 거죠. 저는 제가 아무 때건 뭔가 다른 일을 할 수도 있다는 것을 의식할 때가 많아요. 그런 생각이 자유를 줍니다.

그런 '무조건 밖으로!'의 순간들이 소장님에게도 있나요?

네! 저는 매일 아침 일과를 시작하기 전에 개를 데리고 숲에서 조깅을 합니다. 일요일 아침이면 우리 가족은 7시부터 나가 코앞에 있는 국립공원에서 트레킹을 하죠. 또 3주간 루아르 강에서 예정된 강변 트레킹도 기대됩니다. 그런 곳에서는 일을 완전히 잊을 수 있어요. 그때의 핵심과제는 목적지가 아니라 가는 길이에요. 그때 감동적인 물음들이 머리에 떠오르죠. '밤이 되면 어디에 텐트를 칠까?' 혹은 '오늘 먹을 게 뭐가 있지?' 등등. 삶의 기본으로 돌아가는 순간이 심신회복에 큰 도움이 되거든요.

볼프강 슐룬트는 자연보호 전문가이자 생물학자로서 슈바르츠발트의 루에슈타인에 자연보호센터를 세웠다. 2014년부터 새로 지정된 슈바르츠발트 국립공원의 관리소장 2인 중 한 명이다. 북슈바르츠발트의 제바흐에 살고 있다.

제4장

질병 탈출

자연의 치유력을 활용하라

치유 의식

11월 말이었다. 서늘하고 안개까지 낀 가을날이어서 야외로 나가고 싶지 않았다. 게다가 할 일이 너무 많았다. 근무 일정은 빡빡했고 성탄절 연휴를 앞두고 학부모의 밤이라든가 각종 행사가 줄줄이 예정돼 있어 느긋한 저녁 산책이나 아침 조깅을 할 시간이 없었다. 우리는 소파에 웅크리고 누워 있기 일쑤였다. 더욱이 올라프는 심한 감기에 걸려 기침을 그치지 않았고 "괜찮아지겠지!"란 말만 반복했다. 하지만 괜찮아지지 않았다. 1월에 들어서도 마찬가지였다. 조깅 생각은 접은 지 오래였고 온갖 기침약을 다 써보았지만 나을 기미는 전혀 보이지 않았다. 그에게 달리기는 중요한 위안거리였는데 그것을 못하니 일상의 기쁨이나 에너지도 생기지 않았다. 따라서 그런 식으로 계속 방관할 수는 없었다. 결국 의사의 진찰을 받고 항생제를 복용했으며 열심히 증기흡입기도 사용했다. 하지만 그럼에도 이 모든 것은 전혀 효과가 없었다.

건강은 날로 악화되었고 갈수록 의사는 속수무책에 난감한 표정이 되어갔다. 마침내 어느 날 그는 솔직히 털어놓았다. "더 이상 치료하지 않겠습니다. 폐렴도 아니고요, 지금까지의 처방이 아무 효과도 없으니 말예요. 여기까지가 제 지식과 능력의 한계인 것 같습니다."

의사가 그렇게 말하는 것을 들으니 묘한 기분이 들었다. 우리는 '반드시 무슨 방법이 있을 것'이라는 좌우명을 충실히 따르며, 도움이나 해결책을 찾는 데 익숙해 있기 때문이다. 하지만 이제 환자는 의사에게 치료를 거부당하고 괴로운 선택의 기로에 서 있다. 계속 전문가를 찾아다니며 새로운 치료를 시작할 것인가, 아니면 낙담한 채 포기할 것인가? 여기서 올라프는 완전히 독특한 방법을 선택했다.

그는 그때까지 자신에게 삶의 에너지와 건강, 상쾌한 기분을 제공한 것이 무엇인지를 곰곰이 생각했다. 그것은 숲에서 달리는 것과 자연 속에서 지내는 것, 즉 자연의 힘이었다. 환자로서 조깅은 논외였지만 적어도 오래된 조깅 코스에서 편안한 속도로 숲속을 산책하는 것은 가능했다. 그래서 올라프는 다년간 몸에 밴 일종의 의식처럼, 아침 숲길 산책을 시작했다.

우리는 요즘은 개를 한 마리 키우기 때문에 날씨가 어떻든 산책을 망설이지 않는다. 기껏해야 구간의 거리가 문제가 될 뿐이다. 하지만 당시에는 개도 없었고 꼭 산책해야 할 이유도 없었다.

그것은 아주 의도적이고 스스로 책임을 걸머지는 치료법이었다. 올라프는 매일 아침 느린 속도로 비가 오나 해가 뜨나 혹은 춥거나를 가리지 않고 숲길을 한 시간 동안 산책했다. 형편이 되면 나도 따라 나섰는데 이렇게 몇 주가 계속되는 동안 우리 두 사람은 변화를 감지했다. 아침 산책은 활기를 불어넣고 긴장을 풀어주었다. 우리는 꽃봉오리가 더 팽팽해지고 새들의 지저귐이 갈수록 또렷해지며 햇볕이 더 따뜻해지는 것을 지켜보았다. 대지에 봄이 찾아온 것이다. 올라프는 여전히 기침을 했지만 활기를 되찾았다. 때로는 몸을 움츠린 채 집에 돌아오자마자 메모장을 꺼내 산책 중에 떠오른 창의적인 아이디어를 적고는 했다. 숲에서 돌아올 때는 언제나 집을 나설 때보다 더 생기가 돌았다. 나는 그러한 자기규율과 바람직한 생활리듬에 감탄했다. 아침에 숲속을 달리는 일과는 빼놓을 수 없는 하루의 필수 일과로 탄탄히 자리 잡았고 다른 일정은 다 여기에 맞추어졌다. 그러던 중, 끈질긴 병은 여름이 되자 올 때처럼 어느 샌가 슬며시 사라졌다. 저절로 사라졌다고 말하는 것이 더 이해하기 쉬울 것이다.

체질 강화

이미 2,000년 전에 중국의 도교 신봉자들은 최초로 온실을 설치해서 꽃을 가꾸며 살았다. 그들은 그렇게 해서 건강을 돌보려 했다. 고대의 유명한 의사였던 코스의 히포크라테스는 기원전 400

년에 치유효과를 발휘하는 자연의 힘을 알았다. 히포크라테스는 당대의 생각과는 달리, 병을 일으키는 것은 악령이 아니라 신체의 불균형 때문이라는 의식에서 출발했다. 그는 환자를 전체적인 측면에서 살폈다. 그의 생각에 인간을 치료하는 것은 자연이었고, 의사의 임무는 인체 자체의 치유력을 최대한 돌보는 데 있었다. 히포크라테스는 인간을, 자연에 머무를 때 자가 치유력이 강화되는 자연의 존재로 보았다. 또한 서기 약 800년 무렵, 수도원 정원에 최초로 약초를 심고 경작한 수사 및 수녀들도 이런 자연의 힘을 이용하려고 생각했다. 그뿐만 아니라 정성껏 가꾼 공원 비슷한 시설은 사람들의 정신력 강화에도 기여했다고 한다.

베네딕트 수도원의 수녀원장이자 총명한 신학자이며 대단한 의사였고 철학자에 음악가이기도 했던 힐데가르트 폰 빙겐Hildegard von Bingen은 12세기에 비리디타스Viriditas라는 녹색활력의 개념을 창안했다. 힐데가르트는 이 녹색활력을 생명력과 치유력, 신의 힘으로 설명한다. 또 힐데가르트에게 신체 건강은 내면적인 영혼의 평화와 관계있다. 자신과 신, 세계와 조화를 이루는 사람은 병에 걸리지 않는다는 것이다. 그녀는 자연을 세심하게 관찰하는 사람이었다. 그리고 식물의 치유효과를 연구해서 이것을 자세히 기술했고 당시 다른 수도원과는 달리 신비한 약초를 수도원 곳곳의 밭에서 재배했다. 티미안의 야생 형태인 백리향은 두통에 쓰였고 톱풀은 풍기에, 노란 쑥국화는 열을 내리고 생리불순을 다스리는 데 효과가 있었다. 힐데가르트는 사람과 짐승, 돌, 식물이 서로를 필요로 하고 지원하며 이용 가능한 거대한 교향악단을 구성하고 있

다고 보았다. 아마 그녀가 지금 사람이라면 생태
적인 연관성을 복잡하게 생각해 호전적인 여성
으로 비칠 것이다. 현대인들이 자연을 약탈하고
무분별하게 훼손하는 것을 본다면 자신이 앉아
있는 나뭇가지를 의도적으로 잘라버리는 것과 다름없다고 호통을
칠 테니 말이다.

병을 고치는 것은
자연이다.
: 히포크라테스

　힐데가르트는 녹색활력을, 동물과 식물, 인간 등 전체 우주에 깃
들어 있는 근본적인 힘으로 묘사했다. 녹색활력은 꽃이 피고 성장
하고 열매를 맺는 힘의 상징이며 지나치게 긴장하면 약화될 수 있
다. 동시에 이 비리디타스는 자연에 머물고 자연에서 운동함으로
써 보존하거나 촉진할 수 있다. 자연의 치유력에 대한 지식과 결
합돼 전체를 바라보는 영적인 생활방식은 중세로서는 아주 드물
게 81세까지 장수하는 결과로 이어졌고 그녀는 사후에 곧 성인으
로 추대되었다. 힐데가르트가 명명한 건강의 6대 기본원칙은 이
러하다.

　　1. 치료제는 자연에 널려 있다.
　　2. 균형 잡힌 영양을 섭취하라.
　　3. 운동과 휴식의 균형에 힘써라.
　　4. 수면 - 각성의 리듬을 지켜라.
　　5. 기분전환과 해독은 신체에 중요하다.
　　6. 정신의 정화는 신체 건강의 기본 토대다.

힐데가르트가 볼 때 분명한 것은, 건강이 언제나 영적-정신적이며 육체적인 문제라는 것이다. 따라서 건강을 원한다면 그 두 가지를 주목할 일이다. 회복탄력성 연구, 즉 위기에 처했을 때 인간을 정신적으로 강하게 만들고 저항력을 갖게 해주는 것을 연구할 때, 그 실질적 인식은 힐데가르트가 묘사한 녹색활력을 닮았다. 문제는 언제나 자신의 원천을 보고 이것을, 예컨대 자연 속에 머무는 방법을 통해 활성화하는 것이다. 그렇게 함으로써 자기효능에 대한 경험이 힘을 얻고 근본적으로 변화에 대한 희망이 활발하게 꿈틀댄다.

우리는 호엔슈반슈타인에 있는 왕립 크리스탈 온천 사우나에서 특별한 '힐데가르트-침제'라는 것을 경험하고 크게 놀란 적이 있다. 방문객들은 힐데가르트의 치료방식에 대하여 간략한 강연을 들은 다음, 모두 기관지를 튼튼하게 해준다는 방향유 몇 방울을 가슴 부위에 떨어트리고 문지른다. 그러면 강렬한 향기가 퍼지면서 기분이 좋아진다. 이후 사우나의 증기 속에서 말없이 땀을 흘리며 우리는 어떻게 이 수백 년 된 지식이 오늘날의 건강시스템에 기본적으로 활용되지 않고 고작 밀교적 정취의 사우나 한구석에서 쓰이는지 생각해보았다. 너무나 많은 사람이 정신적 균형과 신체적 건강을 동경하고 있지 않은가! 그것을 위해 계속 값비싼 치료를 받고 온천을 다녀야 하겠는가!

우리는 그윽한 향기가 피어오르는 사우나에서 알고이 지방의 산과 녹색의 초원, 지는 해를 바라보며 날아갈 것 같은 기분을 맛보았다. 물과 온기, 자연의 요소가 육체적인 행복에 기여하는 맛을 느끼기 위해 자연을 분자 단위로 쪼개는 과학자가 될 필요는 없다. 라벤더유를 바르면 불안이 가시는 데 효험이 있다. 베개에 몇 방울 떨어트리면 잠이 잘 온다. 규칙적으로 자연으로 나가 달리거나 산책하거나 조깅하는 사람은 러닝머신을 타거나 체육관에서 훈련하는 운동선수보다 훨씬 기분이 좋아진다.

자주 자연으로 나가고 자연을 접하는 사람은 정신적으로 더 안정되고 신체적으로 더 건강해진다. 이것은 수백 년 전부터 인간이 관찰해온 결과다. 우리 인간은 저 자연 속에서 새로운 힘을 얻는다. 아마 이것이 바로 녹색활력일 것이다. 하지만 일부의 진실과 철학, 원칙이 난무하는 바깥세상에서는 이런 자연의 치유력에 대한 지식이 그저 느낌에 불과한 것인지, 아니면 정말 사실인지를 놓고 의문을 제기한다.

자연의 치유력!
이론과 실제

1980년대 이후 심리학자들은 자연과 환경, 건강의 상관관계를 집중적으로 연구하고 있다. 흥미롭게도 독일 심리학회에 등록된 분야를 보면 환경심리학은 있어도 자연심리학은 없다.

다양한 출판사에서 나온 심리학 백과사전을 보면, 자연심리학은 자연 인지와 자연체험 및 그 주관적인 영향(예컨대 일몰의 체험을 통한 정서 형성)에 매달리는 심리학의 한 분과로 설명한다.

이런 학제 간의 연구 분야가 독일에서는 이제 자리를 잡고 있는데 비해, 일본이나 미국, 스웨덴 학자들의 통찰력 있는 인식은 이미 오래전부터 있었다. 그들은 자연이 인간의 유기체에 미치는 치유효과를 분석하고 증명해내고 있다. 우리는 이렇게 이론의 경험에서부터 실제 성과에 이르기까지 다양한 발전 양상을 볼 수 있다.

이미 1990년에 일리노이 대학교의 심리학자인 프랜시스 쿠오 Frances Kuo는 주거 환경과 삶의 대처방식의 상관관계를 연구한 적이 있다. 여기서 쿠오는 시카고 남부의 대규모 주거단지에 사는 여성 주민을 무작위로 선발해 설문과 테스트를 실시했다. 일부 참여자는 녹색의 정원과 녹화된 앞뜰에 꽃과 나무가 보이는 주택에 살았고 나머지는 주차장이나 아스팔트를 깐 농구장, 차도가 보이는 집에 살았다. 쿠오는 실험참여자들에게 기본 테스트와 인지 테스트를 거치게 하고 각자가 일상의 문제에 대처하는 방식에 대하여 설문을 실시했다. 이때 녹지가 바라다보이는 환경에 사는 여성들은 제시된 모든 문항에 훨씬 긍정적으로 답변했다. 쿠오는 이 결과를, 자연풍경과 숲, 나무덤불이 보이는 환경이 집중력과 중요한 일에 초점을 맞추는 인간의 능력을 높여준다는 근거로 판단했다. 그런 결과는 일상생활의 도전적인 과제에 더 잘 대응하는 능력에서 나온다는 것이다. 이런 여성들은 흥분하거나 화를 내는 대신, 안정되고 긴장이 해소된 상태에서 더 사려 깊게 대응할 수 있다는 것이다. 쿠오는 자연이 근본적으로 인간의 뇌에 집중력을 회복하는 방법으로 균형효과를 불러일으키는 것이 분명하다고 단언했다. 그러면서 자연환경은 우리 인간의 정신 건강에 좋다는 결론을 내렸다.

내 경우를 얘기하자면, 365일의 대부분을 서부 캐나다에서 보내는 동안 평소에 빈발하던 두통이 사라진 것을 경험했다. 물론 이것은 일에 대한 압박으로부터 벗어난 환경 덕분이기도 하겠지만, 우리는 당시 조직 문제로 매우 힘든 시기를 보내고 있었기 때문에 모든 것이 마냥 즐겁기만 한 '휴가기간'은 아니었다. 그렇다고 해도 사무실과 도시, 거리의 소음을 벗어난 기간 동안 뇌는 숲과 호숫가에서 더 쉽게 기능을 회복하고 마주치는 것들을 보며 긴장이 해소된 것은 분명했다. 이런 경험은 나 혼자만 한 것이 아니다. 예컨대 미시건 대학교의 마크 버그먼Marc Bergman의 연구는, 인간의 신체적, 정신적 행복은 어떤 환경에 머무는가에 따라 차이가 난다는 것을 확인해주었다.

버그먼은 실험에 참여한 학생들에게 GPS 송신기를 설치해주고 설문으로 조사한 테스트 결과를 지역적으로 구분할 수 있게 했다. 실험집단이 숲에서 돌아다니는 동안, 비교집단은 활기가 넘치고 통행이 더 빈번한 도심의 거리를 다녔다. 심리 테스트는 여기서 '자연집단'이 정신적으로 더 좋은 컨디션에서 지냈다는 것을 확인해주었다. 자연에서 지낸 사람들은 더 우수하고 더 강한 집중력으로 테스트를 통과했다.

당장 여기서 건강과 삶의 질을 위해 시골로 이사하는 것이 더 낫지 않느냐는 의문이 떠오를 것이다. 하지만 이 연구는 그 정도까지 광범위한 결론을 내리진 않았다. 여기서는 인간의 도시생활을 더 자연친화적으로 만들고 그런 환경에 머물며 이용하는 법을 배우는 것이 더 중요한 것처럼 보인다.

도시에 더 많은 녹지를

그리고 이것은 또 19세기 말에 수백만이 사는 도심 한가운데 산책과 승마, 놀이를 위한 자연의 오아시스 역할로 뉴욕 센트럴파크 같은 대공원이 시내 한복판에 들어선 이유이기도 하다. 250헥타르에 인공으로 조성된 초지, 호수, 시냇물, 5개의 폭포와 2만 주가 넘는 나무는 오늘날까지 이 공원을 녹색의 섬으로 만들어주고 있다. 주민이나 여행자 할 것 없이 누구나 이구동성으로 끝없는 건물의 바다 한복판에 들어선 자연을 칭송한다. 공원 하나가 도시 밖의 광활한 들과 숲의 포괄적인 효과를 가져다줄 수는 없겠지만, 이곳은 녹색활력으로 충전된 중요한 공간임이 분명하다. 그리고 이렇게 도심 한복판에 자연시설이 들어서는 것은 건강에 매우 유익한 투자라고 할 수 있다. 전 세계의 인류가 갈수록 도시화되는 현상이 나타나고 있기 때문이다.

그 결과 일상에서 활발하게 자연을 체험하는 사람이 점점 줄고 있다. 1950년대에 세계적으로 도시에 사는 주민이 30퍼센트였다면, 1970년대에는 이 비율이 절반 이상으로 늘어났다. 2050년이 되면 70퍼센트에 이를 것으로 예상된다. 그러면 주민수가 1,000만 명이 넘는 대도시 사람들이 전 세계에서 68억 명으로 늘어날 것이다.

마천루에서 녹지가 보이는 전망이 매우 제한되어 있다는 것은 누구나 쉽게 짐작할 수 있다. 두려운 것은 사회적 격차로 인해 도심의 하층민들이 녹색의 테라스나 발코니, 공원식 주거 환경을 꿈꿀 수 없고 더불어 녹화의 장점을 누릴 기회가 적어진다는 사실이다. 주의 깊게 살펴보면 유복한 환경의 거주 지역에 녹지가 눈에 띄게 많다는 것을 알 수 있다. 생태 및 자연심리학 혹은 자연사회학의 연구 결과를 진지하게 받아들인다면, 모든 사람들에게 녹화된 생활공간을 설계하는 건축가가 앞으로는 아주 중요한 역할을 한다는 것을 알게 된다.

집 주변이나 일터 혹은 공공건물에 있는 식물은 뜨거운 돌에 떨어지는 '녹색의' 빗방울처럼 엄청난 효과를 발휘하는 것으로 보인다. 여러 가지 식물이 자라는 사무실이나 교실에서는 피로나 집중력 저하, 점막자극 같은 건강 문제가 줄어들며 질병으로 인한 결석률도 뚜렷하게 떨어진다. 자연이 자기방어력이나 행복감의 증강을 위해 건강에 이용된다면, 질병에 대해서는 어떤 도움을 줄 수 있을까?

당연히 더 빠른 건강 회복

최근에 나는 병원에서 수술받고 나서 '정원 동'에 누워 있었다. 내 침대에서는 봄빛의 연두색 이파리가 달린 멋지고 큰 나무 두 그루가 바로 앞에 보였다. 그리고 정말로 자연 속에 성장과 소멸이 있고 겨울이 지나면 다시 만물이 소생하면서 새로 꽃봉오리가 피어난다는 생각이 나에게 힘을 주었다. 비록 허약한 상태로 침대에 누워 있었지만 희망의 징표를 눈앞에서 본 것이다. 그 나무들을 바라보는 시선만으로도 낙관하는 마음이 생겼고 곧 다시 홀가분하게 공원을 거닐어야겠다는 소망이 꿈틀거렸다. 유감스럽게도 그 나무들은 병동의 한쪽에서만, 즉 내가 부가보험 덕에 이용하게 된 개인보험 병동에서만 볼 수 있었다. 왜 꼭 그래야 했는지는 의문이다.

사회의 모든 것을 이용가치로 따져 판단할 때, 왜 우리는 자연의 치유력을 더 많이 활용하고 모든 사람이 그것에 접근할 수 있도록 하지 않는단 말인가? 그에 대한 지식이 부족하다는 핑계는 통하지 않는다. 예를 들어 자연사회학자로서 www.natursoziologie.de와 www.wanderforschung.de라는 정보 사이트를 운영하는 라이너 브레머Rainer Brämer는 자연의 건강효과에 대한 수없이 많은 자료를 수집했다. 그는 독자적인 주제 외에 세계적 연구에 대한 상세한 조사 자료를 활용할 수 있도록 만들고 있다. 이것이 크게 도움 되는 까닭은 이런 수치와 데이터, 사실이 없으면 특이한 경험을 해도 사람들이 믿지 않을 것이기 때문이다.

142

자연의 치유력이 특별히 병자에게 영향을 주는 예에 대하여 잘 알려진 연구는 텍사스 A&M 대학교의 로저 얼리치Roger S. Ulrich 교수의 것이 있다. 얼리치 교수는 9년간 연구에 매달린 끝에 1984년에 자연이 건강에 미치는 효과와 영향에 대한 자신의 소견을 발표했다.

얼리치는 병원에서 수술받은 사람들을 대상으로 연구했다. 환자 중 일부는 병실 창밖으로 나무들을 볼 수 있었고 나머지 환자는 단지 건물 벽만 보이는 병실에 있었다. '나무집단'의 환자는 건강을 더 빨리 회복했고 진통제 사용도 훨씬 적었다. 또 수술 후 합병증도 훨씬 적었다. 창밖의 자연을 보는 것만으로도 정신적, 신체적 평안이 눈에 띄게 증가한 것이다.

연구 결과는 또 자연환경과 자연의 채광에서 운동을 하면 뚜렷한 고통 경감 효과가 나타난다는 것도 보여주었다. 이런 고통 경감의 메커니즘은 두 가지 기능으로 이루어진다. 우선 햇볕을 통해 행복 호르몬인 세로토닌의 분비가 강화된다. 이것은 인간의 중추 신경계에서 고통자극의 전달을 억제한다. 그 밖에 높아진 세로토닌 수치가 긴장을 해소시켜주고 안정시켜 기분을 차분하게 만든다. 이와 동시에 불안과 걱정으로 가득 찬 사고과정이 억제된다. 뿐만 아니라 자연에 머무르면, 자신의 질병이나 고통을 맴도는 생각에서 벗어나게 된다. 자연에서는 다른 방향으로 주의를 돌리게 되고 이에 따라 고통을 덜 주목하게 된다. 녹색식물이나 자연을 그린 벽화 혹은 집 안에서 소리를 내며 쏟아지는 분수 외에도, 나무와 관목, 작은 시냇물, 호수가 딸린 정원은 건강에 엄청난 효과를 준다. 이런 지식을 건강문제에 철저히 활용한다면 의료비를 상당히 줄일 수 있을 것이다. 병원에 머무는 기간도 줄어들고 개별 환자들뿐만 아니라 사회를 구성하는 우리 모두가 많은 것을 얻게 될 것이다.

건강은 숲에서 나온다

바이오필리아biophilia는 생명애, 즉 생명에 대한 사랑이라고 번역할 수 있다. 요즘 종종 인용되면서 사용되는 새로운 개념이다. 2015년 봄에 나온 《바이오필리아 효과》는 생물학자인 클레멘스 아르베이가 하버드대 교수인 E. O. 윌슨Wilson의 바이오필리아라는 명제를 다룬 책이다. 윌슨은 인간 유기체가 근본적으로 자연과 관계 있고 인간의 내면에는 자연에 대한 동경이 자리 잡고 있으며 유기적으로 건강하게 살고 싶다면 그 동경을 충족해주어야 한다는 이론을 내세운다.

이런 바탕에서 아르베이는 개인의 경험 외에 놀라울 정도로 유익한 세부적인 것들을 상당수 모아왔다. 연고나 차, 향유 형태로 된 식물의 치유효과는 누구나 알고 있다. 하지만 식물이 소통이라는 목표에 맞춘 분자를 배출한다는 것은 전반적으로 알려지지 않았는데, 테르펜이라고 불리는 이 2차 식물 생산물은 인간의 면역체계와 일종의 소통을 한다. 이것이 건강의 열쇠에 해당하며 우리가 숲으로 들어갈 때 일종의 '보이지 않는 신체의 안테나'[21] 기능을 한다. 바로 이 과정을 통해 테르펜은 인체와 소통하여 우리의 신체 방어능력이 향상된다. 따라서 건강에 좋은 무언가를 실천하고 싶다면 숲에 머무는 것이 중요한 의미를 갖게 되는 것이다.

그동안 일본에서는 산림욕이 건강을 보호하는 방법으로 인정받아왔다. 도쿄에 있는 일본의과대학의 퀑 리^{Quing Li} 교수는 신생 전문분야인 산림의학에서 인정받는 학자다. 그와 연구팀에게 산림욕이 국제적으로 점점 더 흥미를 불러일으키는 대상이 되는 것은 고마운 일이다. 보통 사람들은 유유히 숲길을 산책할 때 정확히 무슨 일이 일어나는지, 이것이 어떻게 그러한 치유효과를 내는지 의문을 갖는다.

몇몇 연구에서 리 교수는 예컨대 스트레스 호르몬인 코르티솔과 아드레날린이 숲에 머무는 과정을 거치며 지속적으로 떨어진다는 것을 증명할 수 있었다. 남성들의 경우 숲에서 하루를 보낼 때 아드레날린 수치가 30퍼센트 감소했으며 여성들은 무려 50퍼센트나 떨어졌다. 연이어 이틀을 보낼 때는 다시 한 번 개선된 결과가 나왔다. 그 밖에 인체의 기능 회복을 담당하는 이른바 미주신경이 뚜렷이 활성화되었다. 숲에서 하루를 보내고 나면 살세포라고 불리는 특별한 형태의 백혈구가 증가한다. 이것은 선천적인 면역체계의 일부다. 살세포는 골수에서 만들어지며 바이러스에 감염된 인체세포를 세포 독으로 죽이는 임무를 담당한다. 이런 기능으로 인체 고유의 방어능력을 돌보는 것이다. 하루 동안 '산림욕'을 한 실험참여자들은 혈액 속에 자연스럽게 형성된 살세포의 수가 40퍼센트나 증가했다. 뿐만 아니라 며칠간 산림욕을 했을 때는 살세포의 수가 이후 한 달간 꾸준히 증가했다. 이 말은 숲에서 머물 때 방어능력이 올라가고 면역체계가 강화된다는 것이 입증되었다는 뜻이다. 숲에서는 신체기능 회복효과와 스트레스 감소, 안락감, 인체 시스템의 강화 사이에 직접적인 연관성이 나타나는 것으로 보인다.

킹 리 교수는 일본의 산림욕을 위해 매우 실용적인 방법을 추천하고 있는데, 이것은 유럽의 숲에서도 직접 적용할 수 있는 것들이다. [22]

> ▶ 숲 지역에서 적어도 2시간 머물 것이며 이 시간에 약 2.5킬로미터 구간을 천천히 걸어라.
> ▶ 지칠 때까지 힘을 빼면 안 된다. 체류에 중점을 두고 틈틈이 휴식하라.
> ▶ 그 사이 차나 물을 마신다.
> ▶ 장기적인 효과를 위해 평균 체류시간은 4시간씩, 매달 2~3일 정도 숲에서 보낼 계획을 세워라.
> ▶ 건강 증진을 위해 테르펜이 집중효과를 낼 때를 이용한다. 테르펜은 여름에, 비온 뒤나 안개가 끼었을 때, 숲 지역의 한복판에서 최고조에 이른다.

주의할 것은, 산림욕이 만병통치약이나 신비의 특효약은 아니라는 것이다. 단지 건강을 보호하는 방식의 하나라고 할 수 있다. 급성질환에 걸린 사람은 치료나 의약 처방을 받으면서 추가로 숲이나 공원에 들러 힘을 얻을 수 있을 것이다. 특히 물가에 머무는 방법은 끊임없이 졸졸 흐르는 강물의 흐름과 햇빛에 반짝이는 물결을 통해 치유효과가 나타나며 긴장이 가라앉는다.

스스로의 책임 아래 야외로 나가 즐기고 건강을 위해 자연의 힘을 이용하는 방식은 특히 스칸디나비아 사람들의 생활습관이다. 균형 잡힌 건강한 삶을 위해 자연체험을 활용하는 북방의 문화를 '프리루프트슬리브Friluftsliv'라고 부른다. 아마 북유럽 사람들은 오래전부터 길고 어두운 계절을 미리 대비하고 내면의 축전지에 빛과 자연체험을 충전해두어야 한다는 것을 알고 있었던 것 같다. 산림욕이든 프리루프트슬리브든, 또는 무어라 부르든 상관없이 자연이 인체의 건강에 엄청난 영향을 준다는 것을 일단 알고 과학적으로 확인한 사람은 삶 속에 이런 자극을 담고 산다. 뿐만 아니라 해당 연구에서는 자연에 머무름으로써 신체 건강 외에 특히 정신 건강이 증진된다는 것을 보여준다. 말하자면 우리 인간은 자연을 공동의 정신요법 의사로 활용할 수 있다. 그리고 어쩌면 이를 통해 그 많은 스트레스 무한루프도 당연히 사라질 것이다.

녹색 코치:
정신의 치유력

2001년 9월 12일, 미국 국립공원의 관리인과 산림 경비원은 뜻밖에 수많은 방문객이 몰려오는 것을 보았다. 왜 하필 이날 그렇게

자연에서 산책할 때마다
우리는 우리가 찾던 것보다
훨씬 많은 것을 돌려받는다.

: 존 뮤어

많은 사람들이 녹색의 오아시스로 몰려들었을까? 이유는 간단했다. 그들은 9.11 테러로 발생한 정신적 혼란과 특정할 수 없는 불안감, 개인적인 스트레스 때문에 자연에서 직관적인 위안과 긴장해소, 구조의 손길을 찾으러 온 것이다.

자연은 스트레스를 풀어준다. 다양한 녹색의 빛만 봐도 사람의 뇌는 안정을 찾는다. 혈압과 맥박도 떨어진다. 콸콸 흐르는 급류를 바라보고, 호수의 수면을 눈으로 스치며 잔물결의 일렁임을 좇고 귀를 기울여 부드럽게 바스락거리는 나뭇잎의 소리를 인지하는 사람은 저절로 마음이 안정된다. 나무와 시내, 산들을 바라보노라면 주의력과 집중력이 되살아난다. 스트레스 및 공격성의 수준은 떨어지고 행복감과 자기 삶에 대한 만족감은 다시 올라간다. 그 결과 자신을 짓누르던 생각을 다른 시각에서 볼 수 있게 된다. 다툼 뒤에 공원을 한 바퀴 돌아보거나 시험을 망친 뒤 호수로 낚시를 가본 사람은 이런 방법에 따른 효과를 안다. 레이첼과 스티븐 카플란은 주의력회복이론으로 인간 내면에서 일어나는 정신적 삶의 이런 반응에 대하여 가장 설득력 있는 근거를 제시한다.

집중력은 자연에서 힘들이지 않고 불러낼 수 있으며 적극적으로 자연에 매혹되는 태도로 이어진다. 뇌는 상쾌하고 쉽게 가공되는 자극을 얻으면서 스트레스 상태에서 저절로 빠져나온다. 따라서 숲이나 자연풍경과 접촉하면 긍정적인 세 가지 핵심효과가 나타난다.

1. 더 기분 좋은 정신 상태가 된다.

   정신적 방황에 균형이 잡히고 세로토닌 호르몬의 분비로 좀 더 낙관적인 시각을 갖게 된다.
2. 집중력이 높아지고 기억이 되살아날 것이며 상황을 더 분명히 분석함으로써 다시 대응능력을 갖추게 될 것이다.
3. 혈압과 맥박, 근육 긴장의 형태로 볼 때, 추가 행위가 없어도 신체 건강이 개선된다.

이때 사람이 자연에 더 주의를 기울일수록 자연현상은 더 이롭게 작용한다. 정신을 집중해서 인지한 일출이나 일몰은 하루의 황금시간이 될 수 있고, 나무에 기대서 숲의 속삭임에 귀를 기울인다면 아마 고통이나 고민이 혼자 겪는 문제가 아니라 거대한 자연계의 일부라는 느낌으로 위로받을 것이다.

비타민 N으로 더 건강하게

질병이 발생하는 최대 요인 중 하나는 만성화된 스트레스다. 이것은 인간의 호르몬체계와 신진대사를 뒤죽박죽으로 만든다. 또 면역체계를 약화시켜 고질적인 염증을 부르고 수면장애나 위장장애를 유발한다. 만성 스트레스는 비만이나 정신적인 탈진으로 이어지기 쉽다. 이때 인체는 특유의 스트레스 반응으로 해결하도록 설계돼 있다. 진화과정에서 스트레스 반응이 예컨대 동물이나 인간의 공격을 통해 혹은 위험한 자연의 사건을 통해 나타난다고 할 때, 오늘날 인체도 똑같은 방법으로 소음이나 교통사고, 지나친 요구, 싸움, 기한과 업적에 대한 압박, 혹은 대도시의 자극 과잉에 대해 반응한다. 이렇게 수많은 자극 유발인자들은 유감스럽게도 지속적으로 나타나며 뇌와 신체가 긴장해소의 출구를 찾아가는 것을 방해한다. 우리 인간은 끊임없는 긴장 상태에 있고 바로 이것이 앞에서 언급한 스트레스 증후군으로 이어진다.

리처드 루브^{Richard Louv}가 사용한 '비타민 N'이라는 개념을 보자. 이것은 우리가 독자적으로 투여하고 이용하고 아무 때나 적용할 수 있는 자원을 가지고 있다는 말이다. 자연은 평가나 판단을 하지 않으며 단순히 존재할 뿐이다. 이렇게 느긋하게 '내가 존재한다는 감정'은 자연 속에 체류할 때 인간의 내부에서도 발생할 수 있다. 이 감정이 안정효과를 주는 자연의 자극과 결합하면 스트레스가 줄어든다. 카플란 연구팀은 우리가 건강증진에 목표를 둘 때는 특정한 자연이 필요한 것이 아니라 몇 가지 측면에 주의하기만 하면 된다는 점을 지적한다.

사람은 진정으로 긴장해소를 원할 때 시야를 확보하고 안전함을 느끼며 주변을 살피고 싶은 욕구가 있지만, 누군가의 눈에 띄고 싶어 하지는 않는다. 그러므로 주변의 시야가 확보된 숲속의 빈터나 다양한 수종이 늘어선 공원, 관목과 나무가 드문드문 서 있는 풀밭의 풍경 아니면 경우에 따라 야트막한 언덕 같은 것들이 이런 '비타민 N'을 받아들이기에 안성맞춤이다. 빛과 색조, 향기, 시야 등, 이 모든 것은 우리에게 영향을 주고 유익한 작용을 하는 자극과 감각적 인상의 종합선물세트 같은 것이다.

이토록 큰 관심을 유발할 만한 지식이 왜 더 널리 이용되지 않는 것일까? 혹시 너무 간단해서 그런가?

자연은 끝없이 움직인다. 바람은 윙윙거리며 풀밭 사이를 지나고 냇물은 쉼없이 흐르며 나뭇잎도 떨어진다. 우리 인간도 자연이다. 건강을 유지하거나 좀 더 자신에게 집중하고 활력을 되찾고 싶은 사람은, 늦어도 이 장을 읽은 다음에는 '무조건 밖으로 나가야 한다!'고 다짐하게 될 것이다.

우리는 저렴하고 유난히 상쾌한 대체의약을 스스로 처방한다. 우리는 그것을 자연nature의 첫 자를 따서 비타민 N이라고 부른다.
: 리처드 루브

산림욕을 하라!

주변에서 산림욕의 장점을 활용하라. 일주일에 한 번, 두세 시간을 목표로 유유히, 당신과 마주치는 것에 주목하면서 숲속을 걸어라. 의식적으로 심호흡을 하면서 테르펜이 면역체계를 자극하고 강화하는 상상을 하라.

녹색은 몸에 좋다

내 집에 비타민 N이 발생되도록 하는 데 관심을 쏟아라. 집 안 혹은 베란다에 식물이 있는가? 그것을 더 늘릴 수 있는가? 창밖으로 녹지대 풍경이 보이며 아무 때나 이 창가로 접근할 수 있는가?

바로 그 자리에 소파나 책상을 놓으면 좋겠다. 그런 전망이 있는 방을 더 자주 이용하라. 자연풍경을 담은 대형 그림도 큰 행복감을 안겨주며 그것을 보는 것으로 긴장이 해소된다.

휴식? 당연한 것!

예컨대 점심시간에 30분 정도 여유가 있다면 그 시간에 일광욕을 할 수 있다. 의식적으로 사무실이나 집, 구내식당, 쇼핑가를 벗어나 지친 심신을 회복하는 것이다. 가까운 녹색의 오아시스는 어디에 있는가?

자연에 들어가 10분만 있어도 몇 시간 활동을 위한 힘이 생길 테고, 스트레스는 눈에 띄게 떨어질 것이다.

당신에게 알맞은 장소를 찾아라

알다시피 가까운 자연환경에서 다른 사람의 눈에 띄지 않고 안정감을 맛볼 수 있는 장소를 찾는 것이 중요하다. 주변을 둘러볼 수 있도록 시야가 확보된 곳이 좋다. 마음속으로 편안하고 안정감이 들어야만 당신의 몸은 새로운 녹색활력을 만들어낼 것이다.

다음에 산책을 나갈 때는 의식적으로 주변에서 그런 장소를 물색하면서 공원벤치나 그루터기, 자연스러운 장소를 테스트해보라.

비가 와도 마른자리에서 편하게 앉아 있을 수 있도록 스펀지로 된, 접을 수 있는 작은 쿠션을 챙겨갈 것.

건강과 야외

우아하면서도 힘찬 모습의 소냐는 켐니츠 공과대학 대강당에 모인 수백 명 청중 앞에 안정된 자세로 서 있었다. 파트너로서 기마모험가인 귄터 밤저Günter Wamser와 함께 소냐는 당시까지 4년간 짐말을 데리고 멕시코에서 미국과 로키산맥을 거쳐 캐나다 국경까지 여행한 내용을 보고했다. 5년도 넘은 일이었다. 그 사이 우리는 여러 번 만났다. 갈수록 대화는 깊고 다정해졌다. 소냐와 귄터처럼 과감하게 꿈을 실현하고 자신만의 길을 가는 사람들을 만나는 것은 즐거운 일이다. 소냐는 말안장에 올라 순수한 자연을 맛보기 전에는 빈에서 기업 컨설턴트로 몇 년간 일했다. 지금 우리를 흥미롭게 하는 것은 바로 이 두 세계에서 나온 지식이다. 야외생활이 건강과 무슨 관계가 있는 걸까? 소냐처럼 경계지대에서 정상적인 일상생활을 유지하는 사람은 자연의 치유력에 대해 무엇을 배울 수 있을까?

　우리는 소냐를 만나 물어보기로 했지만 절대 간단한 일이 아니었다. 이들은 2013년에 알래스카 여행을 끝냈고 그 사이에 독일과 오스트리아에서 틈틈이 영상 강연을 했음에도, 두 기마모험가는 정기적으로 야생을 찾아 밖으로 나가기 때문이다. 그리고 바로 그 무렵에 둘은 다시 무조건 밖으로 나갔던 것이다. 수 주 동안 그들과 접촉할 수 없었다. 원고는 이미 오래전에 최종 마무리 단계에 들어갔는데도 소냐와의 인터뷰는 여전히 기회가 닿지 않았다. 그러다가 원고 마감 3일 전에 우리는 인터넷에서 스카이프를 통해 만날 수 있었다. 소냐는 캐나다 쪽 로키산맥 기슭의 프린스 조지와 맥브라이드 중간 어딘가에 있는 목장의 오두막에서 오전 11시에 장작불 앞에 앉아 있었고 우리는 집처럼 편한 모리츠부르크에서 촛불을 켜놓고 소파에 앉아 있었다. 이런 기술이 있어 정말 편리해졌다. 서로 7,000킬로미터나 떨어진 곳에서 우리는 소냐의 경험이 신체에 어떤 치유효과를 주는지, 자연은 그때 무슨 역할을 하는지를 놓고 대화할 수 있었던 것이다.

소냐, 캐나다에서 길이 서로 엇갈렸네요. 그때 여러 해 전부터 심각한 병을 앓은 적이 없다는 말을 잠시 한 적이 있는데. 최근 몇 년간도 그랬나요?

저와 귄터는 말들을 데리고 약 8년 전부터 북아메리카의 야생을 돌아다녔습니다. 자연 속에서 보낸 수개월 동안 실제로 심각하게 아파본 적이 없어요. 하다못해 코감기나 두통도 앓지 않았죠. 처음에는 신기했어요. 그도 그럴 것이 비와 추위, 눈보라 속에서 지냈고 씻을 때도 차디찬 강물을 사용한데다가 잠도 기온이 영하로 떨어지는 텐트에서 잘 때가 많았거든요. 그런데도 몸이 무사한 걸 보면 이런 생활양식이 사람을 단련시키는 것 같습니다. 생각보다 지구력이 훨씬 올라가고 생각처럼 쉽게 아프지 않아요. 그렇다고 매일 컨디션이 최상이었다는 말은 아닙니다. 이런저런 엄살을 부리며 잠에서 깨어날 때가 많았으니까요. 저도 어느새 나이가 40이 넘었으니 딱딱한 바닥에서 잠자는 것이 아무렇지도 않을 리가 없죠. 야생에서 지내도 감기에 걸리지 않은 것은 아마 우리에게 병을 옮기는 바이러스나 세균 매개체가 없었다는 이유도 있을 겁니다. 어쨌든 제 경험으로 볼 때, 야외생활을 하면 쉽게 병이 들지 않아요. 처음에는 감기약도 가져갔지만 한 번도 사용한 적이 없으니까요.

2006년까지 빈에서 기업 컨설턴트로 일했잖아요. 어떤 동기에서 전혀 다른 길을 가기로 했나요?

그때의 시간을 잊지 못해요. 저는 제 일을 좋아했죠. 사람들과 함께 일하며 그들의 지식과 능력을 목표에 맞게 효율적으로 투입하도록 도와주는 컨설팅이 마음에 들었어요. 젊은이들의 열정적인 팀워크와 성과를 저는 높이 평가합니다. 하지만 회사라는 공간에서 컴퓨터 앞에 앉아 있는 시간은 감금된 듯한 느낌을 주었어요. 마음껏 움직이는 대신 늘 앉아 있는 생활이었죠. 대자연을 둘러보는 대신 모니터에 시선을 고정시킨 시간이었고요. 저는 일과 병행

해서 코칭 연수과정을 이수했는데, 거기서 자신을 깊이 성찰하게 되었죠. 내 삶이 의미 있고 근본적인 것인지 의문이 들었어요. 그때는 뭔가 새로운 것을 시작할 시간이었고 그것을 절대 후회하지 않습니다.

야외생활에 대한 감동은 언제 싹텄나요?

운이 좋았어요. 어릴 때 넓은 정원이 있는 집에서 자랐고 아주 거대한 포도농장에서 시간을 보냈으니 말이죠. 우리 같은 아이들은 본디 밖에서 생활했어요. 지금도 기억하는데, 더러운 발로 집에 돌아오면 매일 저녁 어른들이 저를 욕조에 밀어넣고 몸을 박박 문질러 씻어주었죠. 그러다가 학교생활을 하면서 이런 자연친화적인 시간을 잃어버렸어요. 그런 시간을 재발견한 것은 성인이 되어 학업을 마치고 직장생활을 하며 새로운 도전에 직면할 때였죠. 그때 처음으로 자연을 힘의 원천으로 인지했습니다. 이른 아침 빈^{Wien} 대공원 숲길에서의 조깅은 긴장되는 근무시간을 대비하기에는 더없이 좋은 운동이었어요. 주말마다 동이 틀 때면 일어나 산으로 올라갔죠. 잠은 주중에 실컷 잘 수 있었으니까요!

1996년에 새로운 형태의 여행을 발견했습니다. 그때까지 저는 휴가를 아무것도 하지 않거나 해변에서 푹 쉬는 것쯤으로 생각했죠. 그런데 그 해에는 친구와 함께 자전거와 도보로 네덜란드를 여행한 겁니다. 그때 처음으로 텐트에서 잠을 자봤어요. 그러면서 그런 식의 여행이 아주 유익하고, 해변에서 보내는 휴가나 단체로 보내는 휴가보다 훨씬 오래가는 인상을 남긴다는 것을 재빨리 알아차렸죠. 그 후 몇 년간 해마다 자전거나 도보로 미지의 땅을 탐험했어요. 세계의 많은 나라를 가보았고 그때마다 여행도 다양하게 했지만 무슨 여행을 하든, 저로선 자연과 가깝게 지낸다는 것이 아주 중요했어요.

당신은 빈이라는 도시와 그곳의 카페, 빈의 문화를 사랑합니다. 그러다가 다시 수개월간 한 남자와 개 한 마리, 말 네 필과 더불어 야생을 찾습니다. 그것이 서로 조화가 되나요?

저는 대조되는 것을 좋아해요. 시간이 모든 것을 위해 존재한다는 확신이 있습니다. 휴식과 고독을 위한 시간이 있고 문화와 사회를 위한 시간이 있는 거죠. 대조되는 세계를 경험할 때, 사람은 자신이 지닌 것을 올바로 평가하는 법을 배우게 됩니다. 제게 친구들은 언제나 중요했어요, 하지만 일 년에 불과 한두 주 그들을 보는 지금에 와서야 그들과의 우정을 제가 얼마나 소중하게 생각하는지 알게 된 겁니다. 자연과 문화도 아주 비슷해요. 그 두 가지를 삶에 담고 지낸다는 것은 좋은 일이에요. 다만 같은 시간대에 담아서는 안 되는 거죠.

사실 모든 사람이 숲에서 살 수는 없습니다. 도시인들이 건강하게 사는 데는 무엇이 도움이 될까요?

도시에도 오아시스가 있습니다. 그것도 아주 가까이 있는 경우가 많아요. 저는 그렇게 많은 야생 환경과 야생 동물을 가령 빈에서 발견할 때마다 놀라곤 합니다. 자연이나 자신을 위해 시간을 내는 것이 중요합니다. 일요일 오후에 빈의 숲이나 도나우 강의 섬에서 약속을 하거나 월요일 일몰 때 대공원에서 만나면 스트레스를 풀 수 있고 드넓은 수평선과 신선한 공기, 빛의 움직임을 삶 속에 끌어들일 수 있습니다.

여행을 다닐 때 비상용 구급약으로 가장 중요한 것으론 무엇이 있나요?

8년 전에 구급약을 준비했는데 다행히 반창고 몇 장 말고는 전혀 필요가 없었죠. 우리는 상처를 스스로 해결할 수밖에 없는 상황에서 지냅니다. 말들을 위해서도 살균제나 연고, 붕대 같은 것을 챙겨 갑니다. 이런 것들은 사람에게도 필요한 거죠. 그 밖에 저는 치통이 있어서 일반 진통제를 갖고 가요.

저 밖의 드넓은 야생의 자연에서 배운 것 중 문명 속에서도(다시 오스트리아로 돌아간다면) 간직하고 싶은 가르침이 있습니까? 우리가 배울 수 있는 것으로는 뭐가 있을까요?

저는 언제나 오스트리아로 돌아갑니다. 그것도 아주 기꺼이. 우리가 자연에서 배우는 것은 아주 많아요. 치유력은 한 가지 사물에 집중하고 주목하는 데서 나옵니다. 저 야외에서는 멀티태스킹을 잊게 되죠. 세부적인 것에 대한 시선은 자기 자신에 대한 시선만큼이나 예리해지거든요. 뭔가가 필요하다고 느끼면, 왜 필요한지 왜 그런 반응을 보이는지 다시 캐묻게 되죠. 그리고 다른 사람에게 책임을 미루지 않는 법을 배워요. 단 둘이 수개월씩 같이 지내면서 계속 상대에게 책임을 미룰 수는 없는 노릇이니까요. 그것은 누구나 조만간 깨닫게 됩니다. 깊은 만족감을 맛볼 수 있는 이유는 내가 가진 것을 높이 평가하는 법을 배우기 때문이에요. 그리고 어떤 상황에서도 좋은 면을 보게 되고 말이죠. 비가 오면 모기가 없어 좋습니다. 사람이 거의 아무것 없이도 견딜 수 있다는 것은 정말 놀라워요. 그러면 물건 하나 살 때마다 필요한 건지 스스로 반문하는 습관이 생깁니다. 하지만 수개월씩 야생에서 지내다 따뜻한 물에 샤워하고 따뜻한 침대에서 잠들며 신선한 과일과 채소를 맛보는 재미 또한 다른 사람은 상상할 수 없을 거예요. 저는 인간 문명에서 누리는 이런 당연한 것들을 당연하지 않은 것으로 받아들이는 법을 배웠습니다. 저 밖에서 내가 식물과 동물의 손님이라고 느낄 때면, 겸손해지고 동시에 자연을 순수하게 경험하는 것에 고마운 마음이 생깁니다. 사물을 자신과의 관계에서만 보지 않고 자신도 거대한 전체의 일부라고 느끼는 거죠. 이런 것을 배우는 데 꼭 드넓은 야생의 자연이 있어야 하는 건 아닙니다. 빈 부근의 가족을 방문할 때면, 마을 변두리 야산으로 통하는 길이 눈에 뜁니다. 건강하고 즐거운 삶을 맛보기 위해 바람과 날씨, 그리고 나 자신을 느끼려면 무조건 밖으로 나가야 합니다. 아마 그것이 자연이 우리에게 줄 수 있는 최고의 선물이겠지요.

소냐 엔들베버Sonja Endlweber 박사는 기업 컨설턴트, 비즈니스 코치로 또 캄보디아에서는 개발 원조 컨설턴트로 일했다. 빈 출신의 소냐는 2007년부터 2013년까지 기마모험가인 귄터 밤저 팀의 일원으로 북아메리카에서 알래스카까지 말을 타고 여행했다. 요즘 이 생명모험가들은 작가 겸 여행강연자로 살고 있다.

제5장

탈진 상태에서
벗어나라

자연에 담긴 힘의 원천을 발견하라

길은 열린다

이번 주를 오래전부터 기다려왔다. 뮌스터슈바르츠나흐 수도원에서 일주일간의 여유시간을 누리게 된 것이다. 그곳의 프로그램이라면, 물 외에는 아무것도 먹지 않고 자기성찰과 명상, 묵언을 위한 시간을 보낸 뒤, 새로운 힘을 얻고 가족과 일로 돌아오는 것이다. 많은 사람에게 무섭게 들릴지 모르지만 내게는 매혹적이었다. 그것은 두 세계가 교체되는 일이다. 숨 가쁘게 돌아가는 바쁜 일상에서 수도원의 격리된 상태의 휴식으로. 이렇게 환경을 바꿀 수 있는 사람은 갑자기 시간이 많아지고 진지한 삶의 주제가 떠오르며 다시 에너지가 모이는 것을 보고 놀란다.

　우리 둘은 몇 달 전 직업적으로 독립한 상태였다. 갑자기 한 사람에게 새로운 일이 믿을 수 없을 정도로 마구 쏟아졌다. 행정당

국과 필요한 절차를 처리하고 잠재 고객들과 대화하며 혼자서 홍보하랴, 인터넷 사이트 개설 계획을 세우랴, 그뿐인가 당연히 거기에 콘셉트와 콘텐츠를 채워 넣어야 했다. 요컨대 일주일이라는 시간을 뒤로 미룰 만큼의 여유가 없었다는 말이다. 하지만 명색이 셀프리더십과 삶의 균형을 주제로 일하는 사람이라면 자기 자신을 잘 다스려야 하는 법이다. 그러므로 나는 전화와 컴퓨터, 회사, 가정과 떨어져 지내는 날들을 의식적으로 즐겼다.

단식 그룹 중에는 노폐물을 제거하고 탈가속화를 시도한 이번 주가 삶에서 개인적인 비상 브레이크라고 말하는 사람들이 몇몇 있었다. 훈련 지도자는 첫날 우리들에게 묵언 중에 진정 벗어나고 싶거나 해결하고 싶은 것, 바꾸고 싶은 것이 뭔지 써보라고 당부했다. 특히 단식주간이 끝날 때 스스로 답을 찾고 싶은 물음을 표현해보라고 했다. 나는 오랫동안 생각에 잠겼다. 몇 가지 의문이 떠올랐다. 내게 가장 절박한 것은, 우리가 계속 자영업을 해야 할지, 아니면 성공의 압박에서 벗어나 다시 반 발짝 뒷걸음질하는 시간제 근무를 할지에 대한 의문이었다. 사실 나는 진심으로 독립적인 일을 하고 싶었다. 반면에 그렇게 일하게 되면 단기간에 이익을 내려는 압박감이 따른다는 것도 알았다. 대학에서 비전임 강사 자리를 주겠다는 제안은 매력적이었다. 하지만 그 역시 한 발짝 퇴보하는 것이다. 조금만 용기를 내면 직업적으로 홀로 설 수 있지 않을까?

올라프와 나는 이미 이 문제로 많은 토론을 했었다. 해결책은 없었다. 그리고 유난히 신경이 쓰이는 것이 또 있었다. 자영업자가 초기에 감당해야 할 재정상의 '줄타기'는 우리 막내딸에게 어떤 영향을 줄 것인가? 우리가 캐나다에서 안식년을 보내고 온 뒤, 막내에게는 안정과 보호가 필요했으며 무엇보다 느긋하고 편안한 부모가 곁에 있어야 했다. 자녀의 안정이냐, 자영업과 리스크에 대한 대비냐? 무엇이 더 시급한 것일까?

나는 이런 의문에 대한 결정을 단식주간에 깊게 모색해보기로 했다. 우리는 야외에서 보낼 때가 많았으며 단식과 관련된 모든 질문에 많은 도움을 받았고 깨어 있는 정신에 대해서도 새로운 자극을 받으며 수도원의 리듬을 즐겼다. 하지만 의문에 대한 답은 여전히 떠오르지 않아서 나는 숙고를 거듭했다. 마침내 훈련을 마치기 전날, 오후에 자유시간이 주어졌다. 나는 널따란 수도원 부지 위 복잡하게 꾸민 미로로 발길이 쏠렸다. 미로의 구불구불한 길 한복판에는 혹이 나 있는, 아주 아름다운 올리브 나무가 한 그루 서 있었다. 아무도 없었다. 위로는 새파란 봄 하늘이 보였고 미로로 난 좁은 길은 오로지 나만을 위한 것 같았다.

마치 모든 것이 나를 위해 준비를 마치고 내가 첫발을 딛기를 기다리는 것처럼 보였다. 나는 내면 깊숙이 안정감을 느끼며 웃옷을 벗어 잔디에 놓았다. 그리고 미로로 들어가기 전 적막을 음미하기로 했다. 그렇게 한동안 앉아 있자니 마음속으로 침착한 기운이 퍼져나갔다. 나는 속으로 질문을 던지며 생각에 빠졌다. '도대체 나는 여기서 무엇을 하고 있나? 여기서 어떻게 대답을 구해야 할까?' 보이는 것이라곤 나 말고는 길뿐이었다. 이윽고 완전히 느긋해진 나는 머리가 맑아지면서 한 걸음씩 발을 옮기기 시작했다.

미로는 미로가 아니었다. 길을 잃을 염려는 없었다. 미로는 우리에게 길을 신뢰하고 인생의 굴곡과 변화를 받아들이는 법을 가르친다. 그렇게 미로는 한복판으로 이어진다.

그날 오후 미로는 본질적으로 의미 있는 결심을 하도록 나를 이끌었다. 한동안 조심조심 걷다가 혹이 나 있는 올리브 나무에 도착하자 얼굴에 햇볕을 쪼이고 싶은 욕구가 생겼다. 나는 나무 아래에 선 채 따뜻한 햇살을 음미하다 문득 바로 위 가지에 걸린 낡은 나무 팻말을 보았다. 거기엔 거친 붓글씨로 '노라^{NORA}'라고 쓰여 있었다.

아마 당신은 지금 '그게 어쨌다고?'라고 의아해할 것이다. 하지만 내게는 그렇지 않았다. 노라는 내가 그때까지 장래를 걱정하고 있던 내 딸의 이름이기 때문이다. 나는 즉시 그 팻말이 우리에게 무엇을 의미하는지 알아차렸다. 찾는 사람만이 읽을 수 있는 표식이 있는 법이다. 온갖 생각의 중심에서 편안한 집과 가정의 보호에 목마른 아이가 나타난 현상은 나에게는 분명한 현실이었다. 자기실현이나 직업적인 독립은 더 이상 중요하지 않다. 어쨌든 지금은 아니다. 이런 인식이 마음에 자리 잡으면서 바람직한 결정을 하도록 나를 도왔다. 물론 보기 드문 이름이 쓰인 팻말이 왜 하필 그날 그 나무에 걸려 있었는지는 절대 이해할 수 없었지만. 설령 그에 대한 확실한 이유를 발견할 수 있다 해도, 그것과는 무관하게 나에게는 여전히 불가사의한 팻말이다.

자연과 단식, 길 위의 표시들이 보여준 마음속의 준비자세, 이런 것들이 그때 결정을 못하고 우물쭈물하는 나를 구해주었다. 올라프도 그런 경험을 알고 있고 아마 당신도 마찬가지일 것이다. 그러니 이 책에서 정신적 힘의 원천인 자연을 묘사하는 것이 어찌 우리의 관심사가 아니랴! 어딘가에 갇혀 무기력하게 걱정만 한가득인 사람은 무조건 밖으로 나가보라. 자연은 우리에게 새로운 힘을 만들 수 있는 공간을 마련해줄 것이다.

우리 앞의 월든

1845년 7월 4일, 헨리 데이비드 소로 Henry David Thoreau가 매사추세츠 주 콩코드 남쪽의 월든 호숫가에 손수 지은 소박한 통나무집으로 거처를 옮긴 결단은, 그에게는 자유의 실현을 의미하는 것이었다. 뿐만 아니라 동시에 그것은 일종의 실험이기도 했다.

형의 죽음으로 슬픔에 싸인 소로는 형이 병마와 싸울 때 둘이 함께 운영한 사립학교마저 포기했다. 그는 삶의 근거와 새로운 삶의 의미를 찾는 데 온몸을 바친다. 소로는 생의 기쁨을 되찾으려 했고 또 자연에서 소박하고 원시적인 생활을 하면 스스로에게 도움이 될지 알아보고 싶었다.

그로부터 7년 전, 형제는 공동으로 사립학교를 세웠다. 당시 성행했던 학생 체벌을 거부한 이유로 소로가 첫 직장을 잃은 뒤였다. 이상주의자이자 철학자인 소로는 자연을 사랑했고 아이들의 동반자가 되어 그들 스스로 책임지는 생활을 하도록 돕고 싶었다. 따라서 형제는 그들만의 교육 프로그램을 짠다. 이들은 자연과의

즐겨 하는 일을 할 수 있다는 것은
자유를 의미한다. 자신이 하는 일을
즐겁게 한다는 것은 행복을 의미한다.

: 헨리 데이비드 소로

관계를 인간의 실존에 필수적인 것으로 이해했다. 그런 의미에서 두 사람의 학교에는 전통에 따라 '자연 산책'이라는 과목이 생긴다.

1841년 형인 존이 결핵으로 사망하자, 소로는 사랑하는 사람뿐만 아니라 그 자신이 지녔던 생의 기쁨마저 상실한다. 그는 정신적으로 기진맥진한 상태에서 소박하게 살며 자신을 재발견할 장소를 찾아다녔다. 이때 작가이자 철학자인 친구 랄프 왈도 에머슨Ralph Waldo Emerson이 월든 호숫가에 있는 땅을 피난처로 제공한다. 거기서 소로는 작은 통나무집을 짓고 경작지를 개간하며 지극히 단순한 방식으로 먹고사는 소망을 추구한다. 소로는 마음속 깊이 동경하던 것을 이렇게 설명한다. '내가 숲으로 들어간 것은 깊이 사색하는 강렬한 삶을 원했기 때문이다. 생명과 무관한 모든 것을 뿌리째 뽑기 위해 내 안에 있는 생명의 정수를 빨아들이려는 것이다. 죽을 때, 제대로 살지 못했다는 느낌이 들지 않도록.'

자연에서 필요한 최소한의 것과 두 손의 노동에 의지하는 지극히 검소한 생활방식으로 먹고살 수 있을까?

소로는 월든 호숫가에서 2년간을 살았다. 비록 혼자서 은둔생활하다시피 했지만 다른 사람들로부터 고립된 것은 아니었다. 그는 숲에서 수많은 창의적 아이디어를 개발했고 삶을 사색했으며 자연에 파묻힌 채《월든》을 집필했다. 그의 저서 중 가장 유명한 이 작품은 오늘날까지 많은 사람들에게 영감을 주어 자신이 원하는 삶을 살고 있는지 의문을 제기하게 만든다.

소로의 글은 무엇보다 반복적인 행위를 타율적이거나 소모적인 것으로 느낄 때 가슴에 와 닿는다. "왜 성공을 거머잡기 위해 미친 듯이 서둘러야 하나? 무엇 때문에 그토록 절망적인 시도에 몸을 던지는가? 누군가 동반자와 보조를 맞추지 못한다면, 그것은 아마 그가 다른 북소리에 귀를 기울이기 때문일 것이다." 영화 〈죽은 시인의 사회〉에서 카리스마 넘치는 교사로 나오는 키팅 선생은 이런 소로의 사색을 통해 학생들에게 그들만의 '북소리'를 따르도록 격려한다. 북소리는 자신만의 리듬, 자신만의 인생행로에 대한 지식에 달린 것이다. 그러자면 힘과 대단한 자의식이 필요하다. 다수의 강한 유혹, 타인과의 비교, 외부세계의 기대, 이런 것이 자의식에 맞서는 강력한 세력이다.

이제 많은 사람은 그들만의 독특한 목소리를 다시 따르려고 할 것이다. 베네딕트 수도회의 안셀름 그륀Anselm Grün 신부의 말을 빌리자면, 이것이 영혼에 힘을 주는 순수한 원천일 것이다. 우리에게 당장 필요한 것은 바로 이것이다.

당신은 힘이 차츰차츰 빠져나가는 느낌을 알고 있는가? 증발되거나 땅 밑으로 스며드는 연못의 물처럼, 타율성과 자신에 대한 지나친 요구, 끊임없는 경쟁, 계속 밀려오는 과제, 불확실한 구조의 압박에 시달리는 사람들은 생의 기쁨과 창의력, 확신, 책임감을 상실한다.

이미 오래전부터 논란이 돼온 문제인 탈진 증후군이나 정신적인 질환 때문에 조기 퇴직할 수밖에 없는 사람들이 꾸준히 증가하는 추세는 어디서 비롯되었을까? 노동의 강도가 올라가서 그런가? 누구나 느낄 수 있는 가속화와 디지털화의 추세 때문일까? 인간을 고질적으로 허약하게 만드는 경쟁과 속도, 지속적인 발전의 경제적 압박 때문인가? 그럴 수도 있고 아닐 수도 있다. 2013년 독일산업안전연구소에서 발표한 스트레스 보고서는 피고용인 두명 중 한 명이 근무시간에 다중작업(멀티태스킹)을 하고 있고 기한 및 실적의 압박을 받거나 지속적인 방해로 시달린다는 것을 보여준다.

이 모든 요인은 스트레스를 유발하기에 충분하다. 그렇다고 모든 사람이 그런 조건에서 병을 얻는 것은 물론 아니다. 또 모든 사람이 쫓기거나 과중한 업무가 부담스럽다고 느끼는 것도 아니다. 문제는 언제 부담을 느끼는 상태가 되는가다. 또 중요한 것은 얼마 동안, 어떤 빈도로 이런 스트레스에 노출되는가다. 당사자가 상황을 이해하고 조정하고 앞으로 개선할 가능성이 있는가? 실제로 안정과 행동력을 유지하기 위해 스스로 통제할 수 있는 요인이 있다. 어떻게 하면 이런 요인이 삶 속에 살아 숨 쉬게 할 수 있을까? 고달픈 삶의 상황을 극복하는 법을 보고 배울 수 있는 사람들이 있는가? 소로의 실험에서 드러난 결론은 자족적인 삶, 자연과의 규칙적인 접촉은 모든 사람에게 새로운 에너지와 창조의 기쁨을 안겨주는 자원이라는 것이다.

힘의 원천

안셀름 그륀 신부는 사목활동 중에 기업체의 간부진을 관찰한 결과 두 가지를 기술하고 있다. '힘이 고갈되는 데는 항상 두 가지 원인이 있다. 자신의 한계를 넘든가 혼탁한 샘물을 퍼마시기 때문이다.'[23] 한계를 넘는 사람은 무절제해지기 마련이다. 무절제는 한계를 지닌 사람이 올바로 행동하지 못한다는 것을 의미한다. 몸에서 보내는 신호를 외면하든가 자신 및 자기 능력을 과대평가하는 것이다. 이러면 심한 압박을 받게 된다. 그런 사람은 스스로에 대한 요구를 만족시키지 못하기 때문이다. 또 인정받고 싶은 바람과 책임감을 자주 연결하는 사람은 늘 되풀이해서 자신의 한계를 넘기 마련이다.

코치와 치료사들은 이런 관계를 관찰한다. 많이 베푸는 사람은 많이 필요한 법이다. 사회복지 분야에서는 '조력자 증후군'이라는 용어가 있다. 스스로 정신력을 소모할 만큼 비정상적으로 타인에게 베푸는 사람은 대개 몹시 궁핍한 상태에 놓여 거기서 벗어나려고 한다. 이것은 자신의 소망을 활용해서 사랑받고 싶은, 자신을 드러내고 싶고 존재를 과시하고 싶은 욕구일 수 있다. 예컨대 자기가 한 일이 주목받지 못하거나 과소평가될 때, 종종 무의식중에 애를 쓴 실적과 보상의 교환이 제대로 이루어지지 않는다면, 여기서 나오는 실망과 동기부여의 상실은 그만큼 더 크다. 이런 사람은 적절한 한계를 오래전에 상실한 채 무절제하게 일하며 정열을 쏟았지만, 이제는 완전히 이용당했다는, 심지어 탈진 상태에 이르렀다는 느낌을 받는다.

누군가 무절제하다고 할 때는, 쉬지 않고 일하며 늘 더 많은 프로젝트를 계획하고 동시에 여러 과제에 매달리면서 아무 때나 모든 사람에게 시간을 내어주는 사람, 개인적으로 물러나 쉴 공간이 없는 사람을 말한다. 의사이자 코치로서 탈진을 주제로 책을 쓰기도 한 토마스 베르그너Thomas Bergner는 이렇게 말한다. "직업 활동이 결정적으로 탈진 상태를 야기한 경우라고 해도, 개개인의 치료와 예방은 직업과는 별 관계가 없다."[24] 힘과 시간자원 혹은 재정능력을 올바로 관리하고 싶다면 혼탁한 샘물을 피하고 몸에서 보내는 메시지를 신뢰하며 내면의 나침반을 따르는 법을 배워야 한다. 신학자이자 경영자인 안셀름 그륀 신부가 말하는 혼탁한 샘물이란 정확히 무슨 뜻일까? 아무튼 샘물하면 보통 투명하고 마실 수 있으며 신선한 물을 말한다.

혼탁한 샘물이란 삶에 보탬이 되지 못하는 뭔가를 가리키는 말이다. 누군가 완벽주의자라서 능력을 입증해야 하고 모든 것을 통제하며 외부의 인정에 욕심을 부린다면 바로 이 '혼탁한 샘물'을 마시는 것이다. 또 자신감이 결여된 것도 위태로운 상태다. 자신감 없는 사람은 끊임없이 남들에게 자신을 확인받으려고 하기 때문이다. 툭하면 타인과 비교하는 사람은 자신을 과대평가하거나 과소평가한다. 어떤 경우든, 그로 인해서 즐거운 인생과 자신감이 필요한 일에 요구되는 힘은 부족해지기 마련이다.

이 말은 우리가 뭔가를 혹은 누군가를 평가하고 있음을 갑자기 깨달을 때가 얼마나 많은지를 단순히 표현한 것에 지나지 않는다.

심리학자들은 어떻게 이런 현상이 벌어지는지 잘 안다. 그런 습관이 자아확인의 기회를 제공하고 자신이 좀 더 낫다는 인식을 심어주기 때문이다. 뭔가 좋다고 말할

때는 내가 그렇게 보기 때문이고, 뭔가 나쁘다고 할 때는 내 기준이나 경험에 맞지 않기 때문이다. 이런 태도가 겉으로는 안정감을 제공한다. 그것이 '내가 옳다'라는 사고의 틀을 만족시켜서다. 이때 평가라고 하는 것에는 큰 단점이 있다. 그것은 지금 여기, 현재의 시점에서 보는 것을 방해한다. 평가할 때 동원하는 비교란 항상 과거의 경험을 이용하기 때문이다. 이렇게 되면 우선 새로운 것을 전혀 허용하지 않는다. 이때 똑같은 관찰을 해도 서로 다른 진술이 나올 수 있다. 당신도 간단히 자기 테스트를 해보라. 가령 'B E L N E'라는 다섯 글자에서 당장 어떤 단어의 조합이 떠오르는가?

Nebel(안개)인가 Leben(삶)인가? 보는 관점에 따라 둘 다 맞을 수도 있고 둘 다 틀릴 수도 있다. 개방적인 태도로 인지하는 사람에게는 더 많은 사고와 행동의 가능성이 열리기 마련이다. 우리가 이 혼탁한 샘물을 마시지 않으려면, 평가를 무조건 포기하거나 아니면 적어도 제한해야 한다. 이를 위해 토마스 베르그너는 '한 번의 해결 방법'을 추천한다. 당장 중단하라는 것이다.

완벽주의라는 혼탁한 샘물은 많은 사람에게 낯익은 방식이기도 하다. 모든 일을 100퍼센트 마무리하고 싶어 하고 뭔가 완벽하게 작동할 때 만족하는 사람은, 아마 확신이 필요할 것이다. 그런

사람은 아무도 흠잡을 수 없거나 그 자신이 확고부동할 만큼 정확히 맞아떨어지는 것을 좋아한다. 하지만 이런 욕심은 위태로운 법이다! 세상만사가 우리가 바라는 대로 100퍼센트 완전한 것은 없기 때문이다. 갈등이 전혀 없는 인간관계가 있던가? 완전히 안전한 주행을 보장하는 자동차가 어디 있는가? 컴퓨터로 프레젠테이션할 때, 정확히 내가 보여주고 싶었던 형식과 똑같은 적이 있던가? 완벽한 결혼이 어디 있으며 완벽한 자녀나 완벽한 규정, 완벽한 휴가는 또 어디 있던가?

당신은 2장에서 이탈리아의 파레토가 말한 80/20 규칙을 읽었다. 여기서 다시 그 규칙을 기억해볼 필요가 있겠다. 그 규칙에 따르면 우리가 도달할 수 있는 목표의 약 80퍼센트를 달성하고 계속해서 완전한 100퍼센트를 향하여 노력할 때 비용과 성과의 비율은 극적으로 뒤집힌다. 아직 남아 있는 20퍼센트를 위해 80퍼센트의 에너지가 필요하다는 말이다. 토마스 베르그너는 평가부서에 따라서는 에너지의 16배가 들어간다고 말한다.[25] 16배나 많은 에너지를 상상해보라!

그렇다면 우리는 실제로 모든 경우에 그런 노력을 기울일까? 거의 100퍼센트 달성이 요구되는 과제와, 그 정도면 좋은 편이라는 말이 적용되는 목표를 구분하는 것이 중요하지 않을까? 완벽주의자의 문제는 달성할 수 있는 목표와 달성할 수 없는 것을 명확하게 구분하지 못한다는 것이다. 그 때문에 완벽주의를 추구하는 사람은 절대 목표에 도달하지 못한다. 그런 사람은 끊임없이 할 일이 있지만, 홀가분하게 과제에 집중하는 사람만큼의 성과를 내지 못한다. 늘 100퍼센트 가까이 마무리하고 싶어 하는 사람은 보통, 결정 하나를 내리는 데도 오랫동안 그에 대한 논거와 관련 정보를 찾아 헤맨다.

그 결과 꼼짝 못하는 과정이 지속된다. 결정을 못 내리기 때문이다. 인기 없는 결정을 내리자니 위험하다. 비난받을 소지가 있기 때문이다. 뭔가를 선택하는 사람은 동시에 뭔가를 포기하기 마련이다. 결정을 위한 생각에 너무 골몰하다 보면 엄청난 에너지를 잃는다. 이 같은 완벽주의의 악순환에서 빠져나오기 위해서는, 모든 일이 가능하지도 않고 모든 것을 통제할 수도 없다는 것을 깨달아야만 한다.

바로 여기서 자연의 역할이 부상한다. 자연사회학이나 환경심리학의 수많은 연구를 통해 알고 있듯이, 평가를 내려놓는 것은 인간이 자연에서 즉시 감지하는 강력한 인지방식이다. 자연은 다양성을 허용하고 다양성을 만들어내며 아름다움을 위해 다양한 형태를 필요로 한다. 그러므로 이때 평가는 별 의미가 없다. 자연은 존재를 위한 공간을 제공한다. 그 때문에 인간은 자연 속에서 있는 그대로의 자신이 받아들여진다는 느낌을 받는다. 인간 자신의 모습이 무조건 허용되는 것이다. 뿐만 아니라 자연의 아름다움은 완벽하지 않으며 조화롭다는 것이 최대의 강점이다. 자연으로 들어가는 순간, 우리 인간은 이런 조화와 균형, 상호 연관성, 그 구조로부터 무의식중에 혜택을 받는다. 단적으로 말해 '우리는 자연 속에서 우리 인간의 본성을 재발견한다.'[26]

내 모습 그대로 존재하고 나 자신의 모습을 스스로 받아들이는 것은, 도시의 쇼핑가에 있을 때보다 혹은 많은 사람 앞에서보다 자연 속에 있을 때 훨씬 수월하다. 만연한 대중 매체의 충동은 비교와 최적화의 상태로 유혹하면서 내면의 정신적인 휴식으로부터 우리를 내몬다. 그와 반대로 서핑이나 바람에 물결치는 밀밭, 해바라기로 가득 찬 초원, 봄에 새싹이 움트는 나무는 내면의 질서와 동시에 정신에 뛰어난 효과를 내는 조화가 특징이다.

우리에게는 샘물의 형태를 유지하면서 맑고 신선한 물을 생명에 공급하는 힘의 원천이 필요하다. 우리 두 사람은 당신이 탈진과 무기력 단계에서 쉽게 벗어나도록 효과적인 샘물 세 가지를 소개한다.

당신만의 강점

위기를 겪으면서도 절망하지 않는 사람을 보면서 우리는 인간의 정신력에 대해 많은 것을 배운다. 이런 사람들은 우리에게 용기를 주며 믿고 구하고 포기하지 않는 것이 가치 있음을 보여준다. 우리는 캐나다에서 놀라운 남자를 알게 되었다. 과거에 유명한 로데오 선수였던 대니는 말에서 떨어져 중상을 입고 휠체어를 타고 다녔다. 하지만 우리가 실제로 느끼기에 그는 인생에서 뭐가 중요한지 아는 사람이었다. 말 타는 것 말고 자신이 무얼 할 수 있는지 자각했기 때문이다. 객관적으로 볼 때 얼마든지 자기연민에 빠질 만했지만, 그는 그러지 않았다. 대니는 포커를 배운 다음 여러 경기에 나가 우승했고 그 덕에 자신의 목장을 관리하는 보조경영자를 고용할 수 있었다. 바로 이런 것이 강점이다. 강점은 희망과 확신, 현실적인 자기인지와 밀접한 관계가 있다.

세미나를 주재하면서 참석자들에게 자신의 강점을 말해보라고 하면 몹시 망설이는 사람이 많다. '자기자랑은 금물'이라는 말은 내면 깊숙이 자리 잡은 고정관념이다. 자신의 강점을 말로 표현하지 않으면 어떻게 자신의 자원을 이용한단 말인가? 강점을 뽐내며 우쭐대라는 말이 아니라 그것을 목표에 맞게 더 활용할 수 있도록 아는 것이 중요하다는 말이다.

최근에 나는 치과에서 조수로 일하는 여성에게 일이 마음에 드는지 물어보았다. 기쁨의 열정은 생각과 다른 모습이라는 말을 하려는 것이다. 내가 다시 근무 환경에서 특히 흡족한 것이나 기쁨을 안겨주는 일이 있는지 묻자, 갑자기 그녀의 두 눈이 반짝 빛났다. 그녀는 치과에 오는 어린 환자들의 공포심을 진정시키고 안심하게 만들 수 있다고 말했다. 두 번째 내원한 아이가 신뢰감이 생겨 자발적으로 치료용 의자에 올라갈 때는 성공의 성취감을 맛본다는 것이다. 이 여성은 아이들을 다루는 솜씨가 믿을 수 없을 정도로 뛰어났다. 아이들의 불안감을 알아보고 선생님이나 엄마가 부드럽게 달래듯 진정시키기 때문이다. 그것이 그녀의 놀라운 강점이다. 자신의 강점을 알고 이를 가시화시키는 이 여성은 현장의 '아동전문가'라고 볼 수도 있으며 그런 능력으로 치과 전체 인력과 환자들에게 유용한 역할을 하는 것이다. 모든 관계자가 입는 혜택이 얼마나 큰가! 자신이 무엇을 잘하는지, 무엇이 당신에게 기쁨을 주고 무엇에 성공률이 높은지 끊임없이 자문하라. 그러면 당신만의 힘의 원천에 담긴 강점을 발견할 것이다.

당신만의 가치

탈진 상태를 모르는 삶의 핵심 토대는 한 사람이 가진 집중력과 신뢰성이다. 이것은 가치관과 행위의 일치를 의미한다. 자신이 믿는 것을 실천하고 자신이 말하는 대로 행하는 사람은 신뢰받는다. 가치라는 것은 행위의 본보기가 되는 형태다. 당신이 뭔가를 깊이 원한다면, 이것은 보통 당신에게 깊이 내면화된 가치와 긴밀하게 결합돼 있다.

더 이상 삶에 존재하지 않는다면 고통스러울 정도로 그리워하게 될 것이 무엇인지 자문해보라. 당신의 건강인가? 친구나 가족, 지위, 재산, 여행의 자유인가, 아니면 맛난 요리인가? 이것은 우리 인간만큼이나 다양할 것이고 우리의 가치관 역시 그만큼 다양하다. 따라서 당신에게 무엇이 가치 있는지를 놓고 외부의 지시를 받지 마라. 그렇게 되면 당신 내면의 진정한 가치를 분명히 놓칠 것이다.

고대에는 절제라든가 지혜, 용기, 정의 같은 고전적인 가치가 있었다. 물론 독선적인 의미로 쓰일 때도 있었지만. 가치란 시간이

가면서 변하기 마련이다. 또 개인적인 가치도 끊임없이 변한다. 10년이나 20년 전에 알았던 가치를 생각해보면 아마도 그러할 것이다. 변화 가능성은 가치의 특징 중 하나다. 변화무쌍하다는

말이다. 하지만 우리가 관철시키고 실천하려 한다는 점에서 현실적이기도 하다. 가치는 행위로 얻는 이득보다 더 소중하다. 그러므로 성실과 일관성에 가치를 두는 사람이 자신의 가치를 충족시키려고 하는 한, 단기적으로는 단점을 감수하는 일이 생길 수 있다. 하지만 장기적 측면에서는 항상 이득을 본다. 다른 사람의 눈에 앞에서 언급한 신뢰성이 돋보이기 때문이다. 처음에 인용한 베르그너의 말은 거꾸로 자신의 가치를 알고 그에 맞춰 사는 사람은 자신에 대한 신뢰가 생기고 다른 사람이 자신을 믿도록 할 수 있음을 의미한다.

당신만의 의미

사람이 뭔가 가치 있는 것을 세상에 내놓고 그것으로 세상을 더 좋게 바꾸거나 세상의 방향을 돌릴 때, 의미가 발생한다. 의미란 뭔가 자신만의 고유한 것을 전체 다수에 기여하도록 하는 확실성이다. 이때 합리적으로 행동하는 것은 자기효능감의 원천이며 온갖 형태의 우울증이나 탈진을 막아주는 약이기도 하다. 위협적인

상황에서 파괴적인 행동은 그런 운명에 절망적으로 노출되어 있다는 믿음에서 나온다. 신경의학자로서 특히 자기 생애에 얽힌 이야기로 감동을 준 빅토르 프랑클은 가족 중에 유일하게 강제수용소에서 살아남았다. 프랑클은 당시를 회고하며, 한 인간으로부터 모든 것을 빼앗을 수 있다고 해도 이런저런 태도를 취할 자유만은 불가능하다고 말한다. 인간이 절망하는가의 여부는 어떤 상황이 아니라 그 상황에 대한 개인의 태도가 결정한다는 것이다.

직업적으로 힘든 상황에서 혹은 개인적인 위기에서, 지금 겪는 일이 얼마나 도움과 교훈을 주고 발전의 계기가 될지 자문하는 것은 희망적인 태도를 유지하는 데 도움이 된다. 혼자 힘으로 그 의미의 물음에 대답할 수 있는 사람은 위기를 견뎌내고 다시 새로운 삶의 기쁨을 찾아낼 수 있을 것이다. 실제로 희망의 부재와 의미의 부재로부터 손쉽게 빠져나온다는 말이다.

프랑클 자신이 설명한 사건 하나가 이것을 분명히 보여준다.[27] 나이 든 동료의사가 아내의 죽음에 너무 절망한 나머지 빅토르 프랑클을 찾아왔다고 한다. 프랑클이 고통을 치료해줄 수 없다는 것은 알지만, 끝없는 슬픔에 뭔가 위로라도 받기를 바라고 온 것이다. 프랑클이 그에게 물었다. "만일 부인이 아니라 당신이 죽었다면 어떤 상황이 벌어졌을까요?" 동료는 잠시 생각에 잠기더니 혼자 살아야 하는 상황이 아내에게는 훨씬 더 나빴을 것을 깨달았다. 이 시각의 전환으로 생각이 바뀌면서 정신적인 위기에서 의미의 빛을 발견했고 이를 발판으로 그는 다시 출발할 수 있었다고 한다.

인간이 개인적인 강점을 이용하고 자기 가치를 알며 늘 자신의 행위에 의미를 묻는가의 여부는, 이 모든 원천에도 불구하고 결국 위기에 빠지거나 병에 걸렸을 때 정신적 저항력을 유지하기 위해 내면에 저장된 힘을 활용하는가, 그렇지 못한가에 달려 있다.

회복탄력성: 내면의 힘

정신은 어떻게 저항력을 찾을까? 상황이 힘든데도 불구하고 안정적인 인격을 발전시키고 바람직한 삶을 영위하는 것이 가능할까? 회복탄력성Resilienz은 라틴어 'resilere(튀어서 되돌아오다)' 혹은 영어의 'resilience(탄력, 회복력)'에서 온 말이다. 인간의 회복탄력성에 대한 연구는 최신의 학문 분야다.

60년 전에 발달심리학자인 에미 워너Emmy E. Werner는 '카우아이 연구'를 시작했다. 하와이 제도의 한 섬인 카우아이는 추적연구에는 완벽한 조건을 갖추고 있다. 섬 주민들이 거의 이사를 하지 않기 때문이다. 에미 워너 연구팀은 700명에 가까운 아이들을 대상으로 40년 이상 학술 연구를 하며 인터뷰와 테스트를 거쳤다. 이 아이들 중 200명은 사회적으로 열악한 가정 출신으로 부모의 빈곤과 범죄, 폭력, 중독증에 시달리는 환경이었다. 예상대로 이들 중 다수가 문제아로 자랐고 출신 환경의 문제를 그대로 물려받았다. 하지만 놀랍게도 아이들의 3분의 1은 훌륭하게 자랐다. 그들은 처세에 능한 성인으로 성장했고 사회적으로나 경제적으로 온갖 열악한 환경에서 출발했는데도 불구하고 안정적인 인간관계를 맺고 직업적으로도 성공을 거두었다. 여기서 연구진은 정신적인 안전계수 같은 것이 존재하는 것이 분명하다는 결론을 내렸다. 그리고 그것을 회복탄력성 요인이라고 불렀다.

이런 요인은 어려운 상황에 놓인 인간에게 일종의 정신적 방패가 되어주는 것이 분명하다. 만일 이 방패를 다른 사람들도 이용할 수 있게 만든다면 엄청난 성과일 것이다. 이것이 회복탄력성 연구의 관심사다.

사람은 어떻게 위기상황에서 자신의 자원을 활용하고 포기하지 않는 도전정신을 가질 수 있을까? 외부의 회복탄력성 요인은 적어도 한 사람에 대한 안정적이고 신뢰에 가득 찬 관계만큼이나 다양하고 또 긍정적인 본보기나 후원해주는 가족, 친구 혹은 평가와 후원에 너그러운 회사의 근무풍토 등, 여러 가지가 있을 수 있다. 뿐만 아니라 당연히 내면적인 개인의 태도 역시 중요하다. 회복탄력성이 있는 사람은 상황을 어떻게든 바꿀 수 있다고 믿는다. 이것을 우리는 자기효능감에 대한 기대라고 부른다. 만일 자신의 강점과 약점을 현실적으로 평가한다면, 인생에는 난관도 있다는 사실을 받아들일 것이다. 그러면 해결책을 찾게 될 것이고 현실을 외면하며 도피하지 않을 것이다.

현재의 문헌에서는 회복탄력성의 열쇠가 되는 7대 요인이 언급된다. 수용력과 낙관주의, 자기효능감, 책임감, 사회적 접촉능력, 해결지향성과 미래지향성이 그것이다. 우리는 이 요인 중 몇 가지를 완전히 의도적으로 자연과의 관계에 맞춰 조사해보았다. 월든 실험을 한 소로와 비슷하게 의도적인 자연과의 만남을 통해 정신력을 살릴 수 있을까? 탈진 상태에 효과적으로 대처하는 데 있어 눈앞에 있는 한 조각의 자연은 우리에게 무엇을 줄 수 있을까?

녹색의 회복탄력성: 정신을 튼튼히 해주는 자연

자연의 지혜와 관련된 이야기를 보면 회복탄력성이 무엇을 의미하는지가 분명해진다.

사막 한복판 오아시스에 조그만 야자수가 한 그루 자라고 있었다. 어느 날 기분이 언짢은 베두인족 한 명이 인생을 한탄하며 이 오아시스를 지나갔다. 그는 어린 나무 한 그루가 하늘을 향해 똑바로 자라는 것을 보고는 견딜 수가 없었다. 그 모습이 미운 나머지 심통이 난 베두인족은 묵직한 돌맹이를 집어서 어린 야자수의 수관 한가운데 올려놓았다. 그는 "이 무거운 것을 어떻게 견딜 테냐, 어디 맛 좀 봐라"라고 중얼거리고는 그 자리를 떠났다. 어린 나무는 무겁게 짓누르는 돌맹이 때문에 시달렸다. 부러질 수밖에 없을 거라고 나무는 생각했다. 그리고 바람이 불면 몸을 비틀어가며 돌맹이를 떨어트리려고 애를 썼다. 하지만 아무리 노력해도 소용없었다. 어린 야자수는 몸을 지탱하기 위해 땅속 깊이 박힌 뿌리에 매달렸다. 그때 놀랍게도 뿌리는 땅속 깊은 곳의 수맥에 닿았다. 그리고 물이 나무를 먹여 살렸다. 해와 바람은 야자 잎을 어루만져주었다. 야자수가 돌멩이의 무게를 뿌리의 힘으로 버티는 가운데 튼튼한 가지 하나가 유난히 꼿꼿이 자랐다. 돌멩이는 여전히 수관에 얹혀 있었지만, 야자수를 부러트리지는 못했다.

자연의 신호, 돌과 동식물에서 나오는 상징의 힘은, 사막이든 숲이든 상관없이 교훈을 준다. 유럽의 숲을 산책하다 보면 독특한 형태로 성장한 나무를 볼 수 있을 것이다. 줄기가 상한 가운데 이 상처를 평생 안고 사는 나무들이 많다. 또 어떤 나무는 껍질에 자신과 상관없는 이물질을 달고 산다. 완전히 비틀린 나무도 있지만 용케도 쓰러지지 않는다. 바람이 규칙적으로 흔들어대도 거기에 적응하며 생존을 이어간다. 그런 나무는 산맥의 능선이나 해변 부근에서 볼 수 있다. 이런 나무는 생명력의 놀라운 상징이다. 우리 인간도 뿌리를 내리고 '역풍'에 대처하는 힘을 가질 수 있다고 상상할 수 있지 않겠는가. 지혜나 명상을 다룬 글들은 이런 자연의 관찰에서 나온 것이 많다. 신학자인 피에르 슈투츠[Pierre Stutz]는 영적인 인간을, 매일 인지훈련을 하며 '인지는 삶에서 신의 자취로 나를 이끌고 가는 기본 태도다'[28]라고 말하는 사람으로 묘사한다. 바로 이렇게 조심스러운 인지를 바탕으로 데틀레프 벤들러[Detlev Wendler]는 회복탄력성을 요구하며 치유력을 발견하도록 돕는 글을 쓰고 있다.

그대 생명의 원천이여, 그대를 믿기 때문에

나는 내 자신을 믿는다.

나는 오늘 내가 있어야 할 곳에 있음을 믿는다.

나는 갈수록 더 많은 기회가 생긴다고 믿는다.

나는 적당한 시간에 적당한 해결책이 나타날 것을 믿는다.

나는 사랑에 둘러싸여 있고 사랑의 힘을 받는다고 믿는다.

비록 그렇게 보이지 않을 때가 많다고 해도.

나는 갑자기 타격받아도 견딜 수 있다고 믿는다.

나는 견딜 수 없을 정도의 시련은 받지 않을 것이라고 믿는다.

나는 생명의 아이, 내 영혼은 그대 생명의 원천에 뿌리박혀 있다. [29]

일상에서 탈진과 좌절의 시련을 잊고 싶다면 의식적으로 30분씩 산책할 것을 권한다. 시냇가나 호숫가에 앉아서 이런 글을 가슴에 새기는 것이다.

왜 그렇게 해야 하는가? 기자이자 과학자인 크리스티나 베른트Christina Berndt는 심혈을 기울인 저서 《회복탄력성: 정신적 저항력의 비밀》에서 아주 냉정한 어조로 '영적인 존재가 되어라!'라고 썼는데, 심리학자나 철학자, 목회자 중에는 이 말에 동의하는 사람이 많을 것이다. 신의 위대한 능력에 대한 믿음과 이 지상의 광범위한 전체에 자신이 속한다는 확신이 무엇보다 위기에 빠진 인간에게 힘을 준다는 것을 입증하는 연구는 얼마든지 있다.

나무는, 주의 깊게 혹은 놀란 눈으로 관찰하는 법을 배운 사람에게는 단순한 목재와 가지, 나뭇잎 이상을 의미한다. 치유력은 자연의 조화와 아름다움, 야생 상태, 또 불굴의 정신과 변화에 들어 있다. 이것을 의식한다면 우리는 나무와 사람의 생명 사이에 유사성을 끌어낼 수 있다.

3장에서 우리의 인터뷰 상대였던 볼프강 슐룬트 박사는 원시림에 있는 나무, 즉 계획적으로 관리하지 않고 삼림 자체에 내맡겨놓은 나무의 성장단계를 묘사하고 있다.[30] 소년기에 어린 나무들은 싹이 나고 10미터 높이까지 자란다. 이들은 서로 바짝 붙은 상태에서 나란히 자라며 늙은 나무 수관의 틈이 더 벌어져 자신의 성장에 충분한 햇빛을 받을 때까지 20~30년을 기다릴 수 있다고 한다.

이어지는 전성기 혹은 성장기가 되면 나무들은 활력을 얻고 방어능력이 최고조에 이른다. 이때는 버섯이나 곤충의 습격에도 꿋꿋이 버틸 수 있다. 전나무의 경우 50미터까지 자라는 이 성장기가 500년까지 지속된다는 것을 읽고 우리는 매혹을 느꼈다. 몸통은 둘레가 2미터까지 굵어진다. 얼마나 놀라운 성장력인가!

노년기에 이른 나무들은 탄력을 잃는다. 나무 재질은 더 무르게 변하고 줄기에는 새와 딱정벌레들이 들어와 산다. 이런 식으로 나무는 동식물을 위한 생존공간으로 변한다. 노년기는 여러 해 지속되며 그 사이에 나무는 점점 더 앙상해져 간다. 외형적으로 그런 모습을 보고 우리는 죽었다고 표현하지만, 갈라지고 마침내 쓰러진다고 해도 나무에게는 중요한 임무가 있다. 목재와 껍질 등 모든 것이 무수히 많은 생물에게 새로운 생존과 성장의 공간을 제공하는 것이다. 늙은 나무는 재질 속에 수분을 함유하고 있고 이것으로 이끼와 어린 새싹을 위해 영양이 풍부한 장소를 제공하기 때문이다.

이런 시간의 간격과 성장, 생존관계를 알면 놀랍기 그지없다. 자연으로 들어가 그 세계를 민감하게 느끼는 사람은 자연이 인간의 영혼을 위한 삶의 학습장임을 알아차릴 것이다. 어느 문화나 시대를 막론하고 인간은 이런 학습의 장에 노출되어 있다는 것을 늘 알고 있다. 거기서 사람들은 힘과 확신, 희망, 의미를 기대하기 때문이다. 아마 영성과 자연이 결합된 순례가 다시 인기를 끌게 된 것은 바로 그 때문일지도 모른다. 순례는 운동과 건강, 체력에 대한 바람을 자기 대면과 신과의 대면이라는 차원에서 보충해준다. 이것은 페터 뮐러^{Peter Müller}에게서 발견한 7대 순례규칙에서 분명해진다. 순례와 상관없이 거기서 회복탄력적인 삶에 이용할 수 있는 조항이 눈에 띈다.

1. 당신의 동경과 동시에 신체와 정신의 신호를 인지하라.
2. 가장 필요한 것만으로 요구를 제한하라.
3. 자신을 위한 시간을 확보하라.
4. 길에서 마주치는 것을 조심스럽게 대하라.
5. 매일 혼자 있는 시간을 확보하라.
6. 고난과 한계의 경험도 의미 있으며 순례의 일부다.
7. 신과 마주칠 기회를 만들어라.

홀로 자연으로 들어가는 것은 내면의 전지를 충전할 수 있는 아주 강렬한 기회로 간주된다. 우리가 '녹색의 회복탄력성'을 언급하는 것은 바로 그 때문이다. 미국심리학회는 이른바 '회복탄력성으로 가는 길'이라는 말로 회복탄력성에 이르는 열 가지 방법을 발표했다. 여기서 제시된 것은 모두 연구를 거친 것으로써 개인적이고 직업적인 도전과 장애에 더 잘 대처하기 위해 정신력을 동원하는 방법이다. 우리는 이 중 다섯 가지를 선발해 그것을 자연체험 공간과 조합했다. 이 '녹색의 회복탄력성'으로 일상에서 더 활기찬 삶을 실현할 몇 가지 아이디어를 보게 될 것이다.

나는 공동체의 일원으로 과감하게 도움을 요청한다 가을이나 봄에 떼를 지어 날아가는 기러기를 관찰해보라. 대문자 V자를 연상케 하는 새들의 대형은 좀 더 쉬운 비행을 가능하게 만든다. 기러기는 앞선 새 덕분에 공기의 저항을 덜 받는 위치를 활용해 다 함께 날면서 혼자 날아갈 때보다 훨씬 먼 이동거리를 확보한다. 대장 기러기는 힘이 다 빠지면 지휘권을 양도하고 뒤에 따라붙는다. 병들거나 부상당한 기러기가 지상으로 내려갈 처지가 되었을 때, 혼자 버림받지 않는 장면은 감동적이다. 그가 죽거나 다시 날 수 있을 때까지 다른 기러기 두 마리가 곁을 지켜주기 때문이다.

변화는 생명의 속성이다. 나는 그것을 받아들인다 시간 간격을 길게 두고 특정 풍경이나 식물을 계속 관찰해보라. 그리고 의식적으로 변화를 인지하라. 자연은 끊임없이 변하기 때문이다. 우리 인간은 자연으로부터 변화를 받아들이고 변화 속의 장점을 보는 법을 배울 수 있다. 산불을 예로 들면 현장에 거대한 불길이 지나가고 황폐해진 풍경을 남긴다. 동식물은 삶의 터전을 잃는다. 그럼에도 불구하고 생물학자나 산지기들은 몇 년이 지나면 다양한 종의 동식물이 대폭 증가한다고 보고한다. 전에는 상상도 할 수 없었던 새로운 종이 자라고 서식한다는 것이다.

나는 실현 가능한 목표를 세우고 꿋꿋하게 조금씩 그 목표로 다가간다   달팽이가 가는 길을 주목해보라. 달팽이는 아주 느리게 움직이지만 조금이라도 목표지점을 향해 기어가는 것이다. 주위를 더듬거리면서 느리지만 끈질기게. 이와 마찬가지로 많은 새들은 봄이 되면 꾸준히 새끼들을 위한 둥지를 짓는다. 언젠가 들어가 살 수 있는 포근한 둥지가 완성될 때까지 하나씩 지푸라기를 나른다. 먹이를 찾든 둥지를 짓든 아니면 꾸준히 이동 중이든, 당신 주변에는 끊임없이 한 가지 일에 매달리는 동물이 눈에 띄지 않는가? 그것을 통해 적극적으로 스스로 돌보는 것이 중요하다는 이치를 배울 수 있다.

나는 내가 어떤 영향을 미칠 수 있다고 믿는다   취미로 정원을 가꾸는 사람이라면 누구나 자신의 일이 어떤 결과를 부른다는 것을 경험한다. 가령 식물을 제대로 돌본다면 단기간에 성장과정을 지켜볼 수 있다. 자연은 우리가 어떤 효과를 부를 수 있도록 다방면의 기회를 제공한다. 예컨대 당신은 잡초를 뽑아 길을 낼 수 있고 덤불이나 나무를 베어낼 수도 있으며 하다못해 들길을 산책하는 길에 꽃이나 풀을 꺾어다 꽃병에 꽂아놓을 수도 있다.

나는 미래를 생각하며 시야를 넓힐 수 있다 '내일 세상이 멸망한다 해도 나는 오늘 한 그루의 사과나무를 심겠다.' 아마도 이 말을 들어보았을 것이다. 이렇게 행동하는 사람은 어려운 상황에서도 희망과 비전을 품고 산다. 우리는 시야를 넓힐 때 각종 문제에 적절히 대응하는 법을 배운다. 자신의 삶과 급박한 문제를 예리한 눈으로 바라보는 사람은 그 일이 2개월 후 혹은 5년 후에 얼마큼의 비중을 가질지 자문한다. 그러면 현재 상황에 잠재된 불안이나 공포는 상대화된다. 따라서 목표를 갖고 어린 나무를 심어라. 그 나무가 첫 열매를 맺거나 첫 싹이 날 때쯤, 당신의 인생이 어떻게 변해 있을지 상상해보라.

탈진 상태를 피하거나 예방하려면 자신의 느낌과 생각에 주의를 기울일 필요가 있다. 이 순간 일어나는 일에 온전히 주목하는 법은 유독 자연에서 잘 배울 수 있다. 그러므로 정신 건강에 자유로운 활동공간을 마련하려면 무조건 야외로 나가라.

결정적인 물음을 던져라

개인적으로 중요한 결정을 내려야 한다면 야외로 나갈 자유를 확보하라.
언덕이나 시야가 트인 지대로 올라가라. 그리고 1년 후 당신이 다시 왔을
때 어떤 변화가 생길지 상상해보라.

그 장소에서, 어떤 결정을 내리고 싶은지, 당신에게 어떤 가능성이 엿보
이는지, 결정을 내리는 데 도움을 줄 사람이 있는지를 글로 써라. 어쨌든
구체적인 행동지침과 이 자연 나들이로부터 결정을 기억나게 해줄 대상
물을 하나 가져오라.

힘의 원천으로서의 자연

오늘은 자연에서 당신에게 분명한 느낌을 주는 뭔가를 가지고 올 것. 그
것이 나이테가 있는 나뭇조각인가, 아니면 씨가 달린 솔방울인가? 혹은
묘하게 생긴 돌인가 아니면 잘 여문 이삭 몇 가닥인가? 혹은 밤송이나 신
선한 나뭇잎이 달린 나뭇가지인가 수선화인가?

꽃가게에서 사는 꽃은 의미가 없다. 문제는 산책하는 동안 의식적으로 눈
을 크게 뜨고 당신에게 뭔가 할 말이 있는 대상을 발견하는 것이다.

창조예찬

13세기 아시시의 프란치스코가 쓴 태양의 노래 몇 구절을 읽어보라.

주여, 당신의 모든 피조물 중에서
태양 형님의 찬미를 받으소서.
그로 인해 낮이 되고 그를 통해
당신께서 우리에게 빛을 주시나이다.
그 아름다운 몸, 장엄한 광채로 번쩍거리며
지극히 높으신 당신의 보람을 보이나이다.

주여, 누님 달과 별들의 찬미를 받으소서.
빛 맑고 절묘하고 어여쁜 저들을 하늘에 마련하셨나이다.

바람과 공기와 구름과 맑은 날씨 등
형제자매와 사시사철의 찬미를
내 주여 받으소서. 당신이 만드신 모든 것을
저들을 통해 기르시나이다.

당신이 밤을 밝히도록 쓰시는 형제
불의 찬미를 받으소서.
그는 아름답고 유쾌하고
힘이 넘치며 강건하나이다.

주여, 우리의 자매이자 어미인
땅의 찬미를 받으소서.
그는 우리를 품고 다스리며 울긋불긋 꽃들과
풀들과 모든 온갖 과일을 낳아주나이다.

자연은 프란치스코에게 그 배후에 질서 있게 배열되어 생명을 긍정하는
신의 창조력을 가리켜 보인다. 이 글은 그가 중병을 앓을 때 썼다. 바로
그때 자연의 아름다움과 창조에 대한 믿음이 그에게 힘의 원천이 되어준
것이다.

꿋꿋한 정신력의 원천

안셀름 그륀 신부와의 대화

우리는 뷔르츠부르크 부근에 있는 뮌스터슈바르츠나흐 수도원에 벌써 여러 차례 손님으로 머물렀고 기회가 있을 때마다 흔쾌히 다녀왔다. 거기서 보낸 나날은 에너지를 새롭게 채워주는 재창조의 시간이었기 때문이다.

뮌스터슈바르츠나흐에는 안셀름 그륀 신부도 살고 있었는데, 우리가 머물 때는 수도원의 식료품 보관인이라는 중책을 맡고 있었다. 경제 분야로 치자면 그의 역할은 기업체의 최고 재무책임자에 해당했다. 게다가 안셀름 신부는 밀리언셀러가 된 저서들을 집필했고 강연을 다녔으며 세미나를 열고 영성탐구자들을 위한 사목활동까지 했다. 이런 과제를 어떻게 완수하는지, 지혜로운 저서와 무관하게 개인으로서의 그는 어떤 모습일지 늘 궁금했다.

그동안에 나는 다방면으로 그를 경험했다. 그중 가장 인상 깊은

196

만남은 그가 우리의 소규모 부제모임을 위해 수도원에서 한 시간 짜리 강연을 할 때였다. 신부는 단호한 걸음걸이로 강연장에 들어 왔다. 우리는 그가 수도원 행정실에서 재정계획을 짜고 또 오전의 전화회의를 마친 뒤 곧바로 그 자리에 온 것을 알고 있었다. 그래 서 빡빡한 일정과 여러 생각들로 스트레스를 받을 거라고 생각했 다. 그는 전혀 망설임 없이 우리가 발표자를 위해 비워놓은 의자 에 앉더니 아무 말도 없이 눈을 감았다.

그러자 자연스럽게 실내가 조용해졌다. 여기저기서 수군대는 소 리가 멈추었다. 얼마 동안 침묵의 고요가 휩쓸고 지나간 뒤, 안셀 름 신부는 눈을 뜨고는 우리에게 친절하게 인사했다. 그리고 원고 없이 자유롭게 내용에 초점을 맞춰 강연했다. 그렇게 50분의 강연 을 마치고 개별적인 질의에 답변하고는 그 자리를 떠났다. 서두르 지는 않았지만 정확히 정오의 기도를 알리는 종소리에 따랐다.

나는 자신의 시간과 말을 그토록 자신감 있는 태도로 신뢰하는 사람을 그때까지 본 적이 없었고 그 이후로도 그랬다. 우리는 그 가 자신이 지닌 힘의 원천을 알고 이용한다는 느낌을 받았고 실 제로 그렇게 하는 것을 보았다. 이런 이유로 우리는 안셀름 신부 를 인터뷰하고 싶었다. 그를 위해 아주 짧은 질문을 준비했고 인 터뷰 시간을 확실하게 못 박지는 않은 채 그의 휴가 직후로 잡았 다. 그가 인터뷰를 위해 시간을 내주어 너무 기쁘다. 그의 답변이 당신에게 흥미로울 뿐 아니라 영감과 힘의 원천으로 기여했으면 좋겠다.

휴가에서 막 돌아오셨는데, 수도사도 수도원에서 여가시간이 필요한가요?

수도사도 여가시간이 필요합니다. 저에게는 수도원의 생활리듬이 맞아요. 하지만 휴가를 가서 다른 리듬 속에서 지내는 것도 즐깁니다. 더 많이 자고 단순히 산책이나 독서를 위한 시간을 맛보는 거죠.

아주 개인적인 질문입니다만, 휴가로 즐겨 찾는 곳이 어디인지요, 그리고 그때 자연은 어떤 역할을 합니까?

저는 항상 일주일은 알프스에서 제 형제자매와 트레킹을 합니다. 나머지 2주일은 남동생과 여동생 집에서 지내죠. 거기서도 도보 산책을 할 때가 많고, 자전거를 타고 그 일대를 돌기도 합니다. 자연은 제게 아주 중요합니다. 저에게 좋은 작용을 하기도 하고요. 자연은 저에게 힘의 원천이에요. 그리고 저는 아름다운 풍경을 바라보며 마음속에 담는 것을 즐깁니다. 그때는 자연의 풍경이 치유 효과를 지녔다는 인상을 받아요. 저는 다만 자리에 앉아 산이나 호수를 바라봅니다. 그것이 충분한 휴식과 내면의 평화를 가져다줍니다.

신부님은 《아름다움》이라는 저서에서 생의 기쁨에서 나오는 영성을 설명하면서 자연에 대한 관조적 명상으로 독자를 초대했습니다. 숨 가쁜 일상에 얽매인 사람들이 어떻게 '열린 마음'이나 자연에 대한 '놀라운' 관찰을 이해할 수 있을까요?

이벤트를 하듯 단기간에 자연을 즐길 수는 없습니다. 시간이 필요해요. 첫 번째 방법은 단순하게 트레킹을 하는 겁니다. 걸으면서 일상의 번뇌와 여러 문제에서 벗어나는 거죠. 그러면 내면의 불안이 천천히 가십니다. 그런 다음 그냥 걸음을 멈추고 자연이 자신에게 영향을 미치게 하는 것이 중요합니다. 가만히 있다 보면 마음속에서 의지할 발판이 보이죠. 그러면서 내면적으로 자연에 소속되어 있음을 느낍니다. 자연에 있는 것은 제 마음속에도 있어요. 자연 속에 순풍이 불면서 제가 보호받는다는 느낌이 들죠. 저는 평가하지 않습니다. 그렇게 자연은 저 자신을 포함해 사람들을 평가하지 말고 그냥 그대로 두도록 가르칩니다. 저 호수가 수천 년 전부터 저 모습 그대로 있듯이 말이죠.

신부님의 일상에서 자연이 어떤 역할을 하는 의식이 있나요?
저는 일요일이면 이곳 바흐알레에서 산책을 즐깁니다. 얼마쯤 가다가 휴식을 취하면서 나무의 아름다움을 감상하죠. 주중에는 언제나 이 지역의 몇 군데 길을 다녀야 합니다. 그럴 때면 의도적으로 계절에 따른 자연을 인지하죠. 자연은 계절마다 다른 인상을 줘요. 저는 마음속으로 계절과 그 특징을 담아둡니다.

많은 사람이 자연에서 신을 발견한다고 얘기합니다. 그렇다면 왜 그들은 교회에 가야 할까요?
자연은 하느님과 만나는 중요한 장소입니다. 마찬가지로 예술도 신과 마주치는 중요한 장소지요. 교회는 제게 훌륭하게 작용하는 예술작품이라는 측면도 있습니다. 하지만 교회에서는 예배를 드리기도 하죠. 그리고 그것은 다른 형태로 된 신과의 만남으로 이어집니다. 하느님의 말씀에서 하느님과 마주치는 겁니다. 그리고 저는 저처럼 비밀을 찾는 공동체의 보호 아래 신을 경험하기도 합니다. 교회는 신성한 장소예요. 신성하다는 것은 세상에서 벗어난 곳, 세상이 발을 들여놓지 않는 곳이라는 뜻입니다. 성소만이 진정 치유할 수 있습니다. 그러므로 교회에서 신성한 시간을 보내고 영혼의 토대에서 신성한 곳으로 이끄는 신성한 공간을 인지할 때, 우리에게는 치유효과가 생깁니다. 영혼의 토대에서 저 신성한 공간에 있을 때, 저는 온갖 외부의 소음을 벗어납니다. 그때 온전히 건강한 상태를 유지합니다. 그때는 아무도 저를 해치지 못하죠.

풍부한 목회 경험상 활기찬 생명을 제공하는 추진력을 세 가지만 들 수 있을까요?

1. 자신을 평가하지 마세요. 자연이 그 모습 그대로 있듯이 그대로 인정하십시오.

2. 당신의 모습 그대로를 유지하세요. 그리고 아무 조건 없이 자신이 수용된다고 생각하는 겁니다.

3. 손에 쥔 것, 얼마간 성공을 거둔 모든 것에서 하느님은 축복을 만들어낸다고 믿으십시오. 그리고 당신 손에서 나온 것을 축복하시고 그 축복이 보호막처럼 당신을 감싸게 해달라고 기도하십시오.

좀 도발적인 질문이지만 그륀이라는 신부님의 성이 좌우명이기도
합니까?

저에게 성은 중요합니다. '그륀'(영어의 '그린'과 같이 녹색이라는 뜻—
옮긴이)은 저에게 희망과 낙관의 색깔이지요. 힐데가르트 폰 빙겐
은 모든 것에 파고들어 활력을 불어넣는다는 녹색활력의 의미로
'비리디타스'라는 말을 합니다. 저는 그처럼 제 삶이 늘 새롭게 꽃
피도록 하는 내면의 힘을 제 가문의 역사로부터 물려받았다고 믿
습니다.

안셀름 그륀 신부는 베네딕트 수도회 수도사이자 사제이며 경영자와 인기 작가를 위한 영성 컨
설턴트이기도 하다. 신부는 뷔르츠부르크에 있는 뮌스터슈바르츠나흐 수도원에 살면서 활동하
고 있다.

제6장

아이 방에서 나가라

아이들이 강력한 생명의 뿌리를
내리도록 하라

천진난만한 발견자

우리 집 앨범에는 두 어린아이가 진한 오렌지색 구명조끼를 입고 방수 배낭이 실린 빨간 보트에 앉아 환호하는 사진이 있다. 뒤로는 파란색의 넓은 호수와 조그만 섬들이 보인다. 이 사진만으로도 스웨덴에서 여러 해를 활기차게 보낸 여름을 떠올리기에는 충분하다.

우리 가족은 크고 작은 호수에서 보트를 타며 휴가를 보냈고 초목이 우거진 섬이나 호숫가의 호젓한 모래밭에서 야영한 적이 많다. 성인 두 명과 아이 두 명이 텐트와 조리도구, 침낭, 매트리스, 약간의 옷가지와 생필품으로 가득 찬 커다란 상자와 함께 10일간을 여행할 때면 보트는 순식간에 가득 찬다. 무게와 부피를 줄이기 위해 옷, 특히 장난감이나 책을 최소한으로 제한한다. 아이들은 동물 장난감 몇 개가 든 조그만 주머니만 가져간다. 북방에서 긴 여름휴가를 보내기에는 절대 충분하다고 할 수 없지만 우리는 그 정도만으로도 자연에서 창의적으로 유희공간을 확보하기에는 충분하다는 것을 확인하며 매번 새롭고 매혹적인 경험을 했다.

쉴 장소에 도착하자마자 아이들은 장난감을 가지고 저희들끼리 가서 그것으로 조그만 농장을 짓기 시작했다. 나무뿌리나 토막, 커다란 나뭇잎은 마구간과 집을 짓기 위한 완벽한 건축자재였다. 때로는 풀로 울타리를 엮었고 돌을 모아다가 담을 쌓기도 했다. 이런 자연의 놀이풍경은 아이들이 완전히 시간 가는 줄 모르고 그것에 전념할 만큼 수많은 창작의 공간을 제공했다. 텐트를 친 다음 국수요리를 차리고 선선한 바람이 불 때가 되어야 비로소 아이들은 다시 캠프 부근으로 돌아왔다. 아이들은 주변에서 아무도 지켜보는 이 없이 자유롭게 움직여도 된다는 허락을 받았다. 자유가 없는 자연은 효과가 없으며[31] 이런 이치는 아이들이나 부모나 마찬가지다. 우리에게는 아이들이 멀리 나가지 않으리라는 확신이 있었다. 다만 한 가지 규칙은 있었다. 구명조끼는 육지에서도 그대로 입고 있어야 한다는 것이었다. 호숫가의 동글동글한 돌들이 너무 미끄러워서 물속에 안 빠진다고 장담할 수 없었기 때문이다. 이것만 확실히 해두면 우리 둘은 아이들에게 필요한 자유공간을 허용할 수 있었다.

자연의 아이에서 온실의 아이로

인간은 진화의 역사 중 대부분의 기간을 드넓은 자연환경에서 보냈다. 유럽의 경우, 유목민들이 정착생활을 한 것은 4,000~5,000년 전으로 보고 있다. 아주 오래전인 것처럼 들리지만 진화사의 측면에서 그 기간은 시간의 파편에 지나지 않는다. 자연 속의 삶이라는 역사의 오랜 과정에서 야생에서 살아남기 위한 도전과 극복, 사냥, 보금자리의 안전, 불의 의미 같은 것은 인간의 직접적인 기본체험에 속했다. 이런 경험은 유전자에 깊이 저장되었다. 과학자들은 자연이 인류의 진화에 필수적이라는 것을 강조할 때면 이런 경험에 주목한다. 자연은 아이들에게 '좋은 영양분만큼이나 필수적'[32]이라고, 신경생물학자인 휘터Hüther와 소아과 의사이자 건강연구가인 렌츠–폴스터Renz-Polster는 말한다. 이렇게 자연이라는 '하늘로부터 물려받은 발달 공간'[33]에서 아이들은 자기효율적인 성장에 필요한 것과 마주치는 것이다. 렌츠–폴스터와 휘터는 자유와 직접체험, 저항, 연대 및 소속의 감정을 아이들의 발달을 위한 실존적인 체험 원천으로 꼽는다. 과학저술가인 안드레아스 베버도 이와 비슷한 말을 한다. "식물이나 동물과 가까이 지낸 경험이 없다면, 아이들의 정서적인 연대의식은 위축되며 감정이입 능력과 환상, 창의력, 생의 기쁨이 사라진다."[34]

아스트리드 린드그렌Astrid Lindgren이나 마크 트웨인의 책을 읽다 보면 거의 향수를 불러일으키는 인물과 만난다. 거기서 마주치는 아이들은 스스로 주변 환경을 탐험하고 모험을 겪으며 자신의 존재를 스스로 입증해야 하는 모습으로 등장한다. 이들은 나이와 출신계층이 뒤섞인 친구 집단에 속해 있고 자신의 능력을 시험하는 가운데 성장하며 내면적으로 강해진다.

우리가 오래전부터 살고 있는 슈투트가르트 교외 지역의 경우, 20년 전에는 아이들이 친구들과 넓은 녹지대나 부근의 시유림에서 뛰노는 것이 일상이었다. 요즘 그곳에 가보면 정원이나 놀이터 밖에서 자유롭게 노는 아이들을 거의 볼 수 없다. 걱정 많은 부모가 어른 없이 아이들끼리 공원에 가는 걸 금지했거나 아니면 아이들의 자유 활동 시간이 이미 다른 일정으로 가득 찼기 때문일 것이다. 피아노 레슨과 스포츠 학원 사이에 남는 자투리 시간으로는 자전거를 타고 어디를 가거나 오랫동안 아이들과 함께 놀 만한 여유가 있을 리 없다. 자연 속에서 노는 데는 그 나름의 시간이 필요한 법이다. 먼저 길이 열리고 발전할 바탕이 마련되어야 한다.

이에 비해 전자 미디어를 가지고 노는 것은 문턱이 더 낮고 더 자극적이며 더 안전한 집에서 할 수 있다. "나는 실내에서 노는 게 더 좋아요, 잭을 꽂을 데가 널려 있으니까요"라고 샌디에이고의 열 살짜리 아이가 한 말은 리처드 루브가 《자연에서 멀어진 아이들》을 집필하기 위한 조사과정에서 들은 것으로 자주 인용된다. 이 말이 전형적인 미국인의 생각일 뿐이라고는 생각하지 않는다.

아이들이 노는 장소와 그 활동반경이 변한 것은 분명하다. 올라프는 8세나 9세였던 어린 시절에 마을을 떠나 채석장이나 숲에서 높은 데를 기어 올라갔고 소목장을 가로지르거나 낡은 마구간에 올라가서 놀았다고 말하는데, 요즘 아이들이 그런다면 부모가 무책임하다는 말을 들을 것이다. 요즘에는 아이들이 밖에서 노는 일이 훨씬 드물고, 논다 해도 시간이 훨씬 짧다. 또 같이 노는 짝이 별로 없고 다양한 연령집단이 함께 노는 것도 이례적인 일이다. 나 자신으로 말하면, 대도시의 주거단지에서 성장했다. 오후에 도심구역 외곽의 녹지에서 만나 노는 아이들은 같은 나이가 드물었고 바로 이 때문에 재미가 있었다. 하지만 시내에 살았던 나는 올라프가 말하는 자연 속 자유공간을 누릴 기회가 없었다. 우리 동네에서는 숲을 보려면 멀리 나가야 했기 때문에 아무 간섭도 받지 않고 그런 곳으로 놀러 나간 기억은 별로 없다. 하지만 어느 해 여름 한철은 지금도 기억에 생생하다.

11세나 12세였던 것 같은데, 나는 친구와 함께 자전거에 피크닉 바구니를 싣고 자주 숲을 찾았다. 우리는 오후 내내 작은 관목 가지로 오두막을 지었다. 거기서 맛있게 간식을 먹었고 낙원처럼 매혹적인 그곳에서 노느라 집에 돌아갈 마음이 사라질 정도였다. 하지만 종소리가 들리는 오후 6시까지는 귀가해야 했다. 부모님에게 자유를 빼앗기지 않으려면 반드시 지켜야 하는 규율이었다. 40년이 지난 지금도 나는 숲속의 그곳을 찾을 수 있지만 우리가 짓고 놀던 나무 오두막은 당연히 자취가 남아 있지 않다. 이것을 보면 자연 속에서 발견하는 자유롭고 조직화되지 않은 놀이가 아이들에게 얼마나 깊은 인상을 주는지 알 수 있다.

벌써 여러 해 전부터 목격되는 현상을 간결하게 표현한 '자연의 아이에서 온실의 아이로'라는 변화는 그만큼 더 슬프다. 메릴랜드 대학의 샌드라 호퍼스Sandra Hofferth는 1997년부터 2003년까지 낚시나 트레킹, 원예활동, 비치게임 등, 아이들의 야외활동과 관련된 연구를 한 적이 있다. 여기서 호퍼스는 야외에서 이런 활동으로 시간을 보내는 9세에서 12세 사이의 아이들 숫자가 해당 기간에 50퍼센트가 줄어든 것을 확인했다. 25년의 간격을 조사했을 때는 아이들에게 자유롭게 놀거나 자유 활동으로 주어진 시간이 한 주에 평균 9시간이 줄었다.[35] 이런 경향은 독일에서도 여러 연구를 통해 확인된다. 1990년에는 6세에서 13세 사이의 설문 대상 아동 중 75퍼센트가 매일 밖에서 마음대로 돌아다닌다고 답변한 데 비해 13년 후에는 이 비율이 50퍼센트로 큰 차이를 보였다.

안드레아스 베버는 2010년 지리보고서에서 한 영국가정을 예로 들며 이런 변화를 단적으로 보여준다. 1920년대 그 집안의 증조부가 8세 때 좋아하던 낚시를 위해 즐겨 찾던 곳은 10킬로미터 거리에 있었다. 30년 후 그의 사위가 마찬가지로 8세였던 때는 1.5킬로미터 떨어진 숲을 혼자 지나가며 학교를 다녔다. 70년대에 이 사위의 딸은 수영을 하러 자전거를 타고 인근마을을 지나갔다. 딸의 아들이 8세인 요즘에는 부모가 바래다주는 승용차로 등교하며 활동공간도 집 옆의 도로 범위 내로 제한되어 있다.

여기서는 당연히 환경의 변화만 문제되는 것이 아니라 부모의 불안이라는 요인도 큰 역할을 한다. 하지만 가정폭력이나 교통사고의 위험과 비교할 때, 자연은 위험성이 훨씬 적다. 물론 자연환경에도 위험이 없는 것은 아니지만 자연에 대한 불안은 허구적인 것일 때가 많다. 머리 위 나무가 쓰러지든가 멧돼지의 공격을 받는 형태보다는 진드기를 집에 옮겨오는 식의 경우가 더 흔하다.

성폭행의 위험도 지인이나 주변 인물에게 당하는 경우(80퍼센트)가 숲에서 낯선 사람에게 당하는 것보다 더 빈번하다. 누구나 알다시피 아이들이 발견 충동을 느끼고 그에 따르는 경우는 그들이나 주변 사람들이 안전하다고 느낄 때다. 하지만 안전에 대한 욕구가 아무리 타당하다고 해도, 아이들은 '산책을 시키는 개'[36]가 아니다.

어쩌다가 밖에서 노는 것이 부모나 아이들에게 더 이상 중요하지 않은 것이 되었단 말인가? 흔히 비난받는 전자 미디어가 정말 원인일까? 아이들의 과제와 스케줄이 빡빡한 나머지 자유로운 활동공간이 없기 때문일까? 도심에 자연공간이 부족해서일까? 어쩌면 이 모든 요인과 관계있을지 모른다. 하지만 삶의 많은 주제가 그렇듯이, 개인의 가치관과 사회의 공적인 견해가 지대한 역할을 한다는 것이 우리의 주장이다. 자연에서 노는 것이 후손들에게 얼마나 중요한 것인지 의문을 던져야 한다. 그것을 단순한 시간 때우기 형식으로 볼 것인가, 아니면 진화 조건에 따라 개인의 잠재력을 강화시키는 발달공간으로서 미래사회의 정서적, 창의적 가능성에 어마어마한 영향을 미치는 요인으로 볼 것인가? 우리는 발달공간으로서의 자연에 어떤 가치를 매겨야 하는가? 이 물음에 대한 대답은 '온실 속 아이'로 바뀌는 것이 과연 만족할 만한 변화인지의 여부를 가려줄 것이다.

강력한 생명의 뿌리 만들기

안정적인 아이들은 깊이 뿌리 내린 나무와 비슷하다. 그런 아이들은 위기를 견뎌내고 비록 예상치 못한 역풍이 불어도 당장 쓰러지지 않는다. 그들은 주변 환경에 관심을 쏟지만 본래의 욕구에 대한 감각을 잃지 않는다. 또 외형적으로 일탈할 때도 자기 통제력을 유지한다. 흔들림이 없는 것이다. 그런 아이들은 장기간에 걸쳐 집중력을 잃지 않고 균형 잡힌 기질을 갖추고 있으며 자신의 능력을 현실적으로 평가한다. 무엇보다 감정이입 능력이 있다. 이것은 상대의 발언을 파악하고 동물과 식물, 인간의 상태를 분류해서 사회적으로 대처할 수 있다는 의미다. 그들은 주변 환경에 소속되어 있음을 느낀다. 그들의 창의력은 마르지 않는 것처럼 보인다. 새로운 놀이를 만들어내고 발견한 것들을 조합하며 그것을 독창적으로 다룬다. 그들의 손을 통과한 것은 적어도 그 진가를 아는 사람에게는 예술작품이 된다. 이들의 커다란 자긍심은 상대를 깎아내리거나 높이 추켜세우지 않아도 상대와의 문제를 해결하는 데 도움을 준다. 누구나 알고 싶어 할 그런 아이들. 이렇게 이상적인 아이에 대한 동경은 유토피아에 지나지 않는 것일까?

사실 그런 아이들은 있다고 해도 극소수일 뿐이다. 하지만 우리는 그런 아이들을 몇몇 알고 있다. 물론 그렇지 않은 아이들도 안다. 각 분야의 교사나 교육학자들은 과잉 행동하는 아이들과 내향적인 아이들, 산만한 아이들이 늘어났다고 한탄한다. 이런 아이들과 집단을 형성하고 정서적으로 통하는 것은 물론이고 학습 내용에 감동하게 하거나 감각체험을 전달하기란 엄청 힘들다. 그러려면 엄청난 인내와 교육적으로 섬세한 감각을 지녀야 한다. 아이들에게 자기통제나 자신감, 사회적 감정이입 능력 혹은 창의적 사고 같은 기본능력을 전수하려고 할 때, 성인들은 끊임없이 한계에 부딪친다. 마찬가지로 학습하는 태도를 가르치기도 힘들다. 그것은 특히 스스로 원해야 하기 때문이다. 보호자에게는 그것을 위한 기본조건을 정해야 하는 과제가 있다.

> 아이를 항상 자유롭게 하라. 돌아다니고 듣고 발견하고 넘어지고 일어서고 헤매게 하라.
> : 페스탈로치

따라서 삶에 중요한 경험을 하고 이런 기본능력을 키우는 데 자연이 유일무이한 틀을 제공한다는 점에서, 우리는 아이들이 더 자주 자연을 접하도록 도와야 한다. 자연은 인간, 특히 어린아이들의 발달을 촉진하기 위한 네 가지 원천을 제공한다. 신경과학자인 휘터와 소아과 의사인 렌츠-폴스터는 이 원천을 직접체험, 자유, 저항, 소속감이라고 기술한다. 이 네 가지를 좀 더 자세히 설명하고자 한다.

1. 직접체험

자연에서 인간의 감각은 다양한 반응을 보인다. 여름날 한바탕 소나기가 쏟아진 직후, 숲속 길을 산책한다는 생각만 해도 충분히 알 수 있다. 대지의 냄새를 풍기는 공기는 뭐라 형용할 길이 없다. 안개처럼 보이는, 빗방울이 증발하는 장면은 어떤가. 나무에서

감각이 필요한 곳에
직접 머물렀던 체험은
오랫동안 우리 기억에
뿌리를 내리기 마련이다.

는 물방울이 떨어지는 소리가 들리며 마치 비가 여전히 그치지 않은 것 같은 느낌을 준다. 그러다가 나무줄기 사이로 금빛 부채 같은 햇살이 쏟아지고 새들은 활발하게 다시 지저귀기 시작한다. 이런 것은 완전히 직접적인 감각체험으로서 텔레비전 방송이나 사진, 책, 동영상으로는 그와 같은 강도로 전달할 수 없는 경험이다. 이런 것들이 자연체험을 유일무이한 것으로 만든다. 자연 속의 감각체험은, 예컨대 캠프파이어에 모이는 방식처럼 의도적으로 할 수도 있다. 잘 마른 자작나무 장작의 향기, 혹은 불을 붙일 때 나는 매캐한 연기가 곧 코를 찌른다. 불꽃은 바지직 소리를 내며 장작을 먹어치운다. 모닥불은 온기를 안겨주고 공동체 의식을 촉진해준다. 사람들은 무의식중에 불가로 가까이 모여들고 불길이 점점 뜨거워지는 가운데 대화는 더 다정하고 깊어간다. 이 장면에서 고대사회에서 불가에 모여 춤추고 음식을 만들고 함께 노래 부르던 모습을 쉽게 상상할 수 있을 것이다.

그 결과 성인뿐 아니라 아이들을 끊임없이 매혹시키는 엄청난 감각의 체험이 발생한다. 우리는 함부르크 북쪽의 헨슈테트-올츠부르크 개신교구의 부제격인 올리버 하르더 집사를 만나 그가 어떻게 해서 스카우트 대장 역할을 열정적으로 하게 되었는지 물었다. 실제로 아이들 그룹을 지역별로 160명까지 인솔해 자연으로 안내하는 그는 처음 스카우트 활동에 나갔던 이야기를 들려주었다. 새로 부임한 목사가 스카우트를 인수했는데 그때까지 관행처럼 되풀이되던 교구회관의 놀이라든가 이야기를 들려주는 시간 대신, 아이들을 숲으로 데려갔다는 것이다. 목사는 숲 언저리로 가서 불을 잘 피우는 법에 이어 머문 흔적을 말끔히 치우는 법도 가르쳐주었다. 이때의 가르침은 11세의 올리버를 자석처럼 끌어당겼고 세 아이의 아버지가 된 오늘날까지도 자연체험에 대한 감동을 전달해준다고 했다.

감각이 필요한 곳에 직접 머물렀던 체험은 오랫동안 기억에 뿌리를 내리기 마련이다. 학습과정은 정서적 측면이 포함되는 순간 또 다른 질적 차원을 획득하고 그때 생기는 의문은 행동을 하면서 저절로 밝혀진다. 따라서 중요한 것은 아이들이 의문에 답하는 것보다 의문을 품는 것이다. 바로 그것이 학습이 내면으로부터 성공을 거두는 바탕이다. 직접적인 연관 지점과 학습의 유용성을 인식할 수 있을 때, 아이들은 훨씬 더 즐겁게 관찰하고 실험하며 연구한다.

2. 자유

한편으로 아이들은 그들을 믿어주고 자연의 가치를 일깨워줄 보호자가 필요하다. 자연을 사랑해서 아이들 스스로 자연에 관심을 기울이게 만들 누군가가 있어야 한다는 말이다. 하지만 무엇보다 아이들에게는 주변 환경을 스스로 정복할 기회가 필요하다. 그동안 많은 연구 결과는 무엇보다 아이들이 아무 간섭 없이 자주 그룹을 지어 다른 아이들과 마음껏 자연에서 놀 때, 자연의 혜택을 받는다는 것을 보여준다. 나무덤불이 있는 초원이나 숲 가장자리, 개발이 안 되고 버려진 땅은 모험심을 자극한다. 놀이교육학자들의 견해에 따르면, 자연의 요소는 구조적으로 설치한 놀이터의 놀이기구보다 더 자극적이라고 한다. 여기저기 베어져서 흩어진 나무기둥의 다양한 형태를 보거나 도랑을 건너뛸 때, 혹은 바닥이 고르지 않은 길을 갈 때, 아이들은 신체의 균형과 민첩한 동작을 학습한다. 아이들이 그 다음날도 나무기둥이 여전히 같은 자리에 있고 냇물의 수위가 똑같을 것이라고 생각하지는 않을 것이다. 그들은 각각의 사건에 적응하면서 유연하게 반응하고 스스로 방향을 정해야 하는 상황에서 능동적으로 움직이게 된다. 이때 대부분의 아이들이, 도랑을 건너뛰었다든가 나무 위를 기어올라간, 방금 해낸 도전적 과제를 다시 찾아나서는 것을 관찰하는 것은 흥미롭다. 일단 성공하면 그것은 아이에게 자부심을 가질 권리를 부여한다. 그런 시도의 성공은 자신감을 키워준다.

이렇게 간섭받지 않는 자유는, 예를 들어 보통의 유치원 아이들은 맛볼 수 없는 것이다. 유치원에서는 놀이의 기회가 미리 규정되고 기술검사를 통과한 놀이기구에서 놀아야 하며 아무 때나 교사들이 놀이과정에 개입할 수 있다.

자연환경에서 놀 때 자유의 가치와 자연의 놀이공간에 대한 연구 결과에 공감한 유치원 원장이 유치원 구역의 구조전환을 위해 전문적인 놀이 공간 건축사를 초대한 적이 있다. 우리 부부는 많은 부모들과 함께 그때 열린 학부모 간담회에 참석했다. 나는 당시 그 프로젝트에 회의적이었다.

아이들을 한눈에 볼 수 있도록 정원 사이로 길을 낸 예쁜 아스

팔트 도로를 없애야 한다고? 바비카나 세발자전거를 타는 공간이 대폭 줄어든다니! 그건 아이들이 아주 좋아하는 놀이 아닌가? 원형의 커다란 놀이터 모래밭은 철거하고 대신 모래를 뿌린 진흙길 옆으로 작은 시내를 흐르게 한다는 것이 건축사의 계획이었다. 건축사의 스케치를 보고 우리는 앞으로 유치원 바닥은 평평하지 않고 조그만 둔덕이 생기도록 바닥을 돋운다는 것을 알게 되었다. 관목 덤불은 은신처나 보금자리 용도로 쓰일 것이었다. 기어오르고 내리는 정규시설은 계획에 없었다. 그렇게 시설을 변경하자면 많은 학부모의 협조가 있어야 하고 적잖은 돈이 들 것이다.

열띤 토론이 이어졌다. 마침내 가까스로 유치원의 구조전환에 동의하는 숫자가 채워졌다. 우리는 앞으로 아이들이 말끔한 모습으로 유치원에서 돌아오는 건 더 이상 기대할 수 없으리라고 예상했다. 그리고 실제로 그렇게 되었다. 하지만 뭔가 다른 일이 생겼다. 바지에 진흙을 묻히고 돌아오는 아이들의 얼굴엔 만족한 듯함박웃음이 가득했다. 하지만 무엇보다 달라진 것은 아이들이 유치원에 머무는 시간이 전보다 더 길어졌다는 것이다.

유치원에서 놀 수 있는 시간은 전보다 더 탄력적으로 운영되었다. 또 유치원에서는 공동수업을 의무규정으로 묶는 대신 아침부터 밖으로 나갈지 말지를 아이 스스로 결정하도록 했다. 그리고 반드시 교사가 동반할 필요도 없었다.

나는 여러 해가 지나서야 비로소 과감히 앞날을 내다본 그 안목을 이해했고 유치원장의 결단을 올바로 평가할 수 있었다. 원장은 시대와 보통 사람들의 생각을 앞질러 아이들을 위한 자연의 자유공간을 구상했던 것이다. 요즘엔 숲속 유치원이 인기를 끌고 시설 전환을 대기하고 있는 곳이 많다. 자연환경의 자유와 직접 체험이 아이에게 유익하고 사회적으로 강한 적응력을 만들어주며 풍성한 아이디어와 균형 잡힌 사고를 만들어준다는 것을 알게 되어서다. 이뿐만 아니라 야외활동을 늘리는 것이 건강상으로도 유용함은 물론이다. 그 밖에 학부모들의 성화로 유치원에 아이들이 기어오르는 조그만 정글짐 같은 시설이 생겼는데 놀이터 건축사는 아이들에게 필요 없을 것이라고 했다. 나무판자나 토막, 나무다발 같은 것은 누구의 간섭 없이 뭔가 마음껏 꾸밀 수 있게 해주기 때문에 아이들에게는 더 매력적이라는 말이었다.

3. 저항

지금까지의 설명에 대해 우리가 자연을 너무 지나치게 이상화하고 자연 속 체험을 일방적으로 미화한다고 생각할지도 모르겠다. 그렇다면 이 세 번째 측면은 확실히 당신의 생각과 일치할 것이다. 여기서는 위험하고 불안을 야기하며 리스크가 다분한 자연의 측면을 염두에 두기 때문이다.

자신의 한계에 부닥치는 것은 인간이 어머니 뱃속에서부터 겪는 선천적 체험이다. 내 힘과 생각, 내 민첩성 혹은 신장이 더 이상 도움이 안 된다는 사실을 갑자기 깨닫는 것은 통렬한 경험이다. 아이들은 물론이고 성인들도 좌절에 대처하는 법을 배워야 한다. 언제나 자기 뜻만 고집할 수는 없는 법이다. 이런 이치는 바로 자연에서 아주 분명히 경험할 수 있다. 앞에서 기술한 자유는 무한

한 것이 아니다. 신체적으로나 정신
적으로 한계에 부닥쳤을 때, 자연의
저항이 눈에 들어온다.

앞서 말한 보트여행을 돌이켜보
면, 온갖 놀라운 경험을 하는 가운

데 몇 차례 한계에 이르렀던 기억이 난다. 갑자기 바람이 불어 호
수가 무섭게 파도치는 바다처럼 변한 적이 있었다. 그러자 보트를
타고 아이들과 육지로 안전하게 돌아가지 못할까봐 불안해졌다.
또 조그만 섬들은 혼동하기 쉬워서 자세한 지도가 있어도 방향을
잃기 십상이었다. 한 번은 밤늦도록 몇 시간이나 계속해서 노를
저은 적도 있다. 어느 쪽으로 향하든 가는 곳마다 온통 뾰족한 바
위뿐이었다. 그런 곳에 텐트를 치거나 잠자리를 찾는다는 것은 완
전히 불가능했다. 그런 상황에서 침착한 태도를 유지하기란 쉽지
않았다.

요즘도 우리는 폭풍 속에서 무섭게 천둥번개가 치던 날이 생각
난다. 우리는 어쩔 수 없이 호반에서 나무판자로 된 나지막한 움
막으로 피신했다. 천둥과 번개가 치고 우박이 쏟아지는 동안 거기
서 2시간은 앉아 있었을 것이다. 사람의 힘으로는 달리 어쩔 도리
가 없었다. 완전히 기가 꺾이고 추워서 오들오들 떠는 그런 상황
에서 어떻게 평온한 기분을 유지할 수 있겠는가? 우리는 그때 아
는 노래란 노래는 몽땅 불렀고 이야기를 하고 번개의 횟수를 세며
기다렸다. 자연은 위협적이고 강력하며 예측할 수 없다. 그리고 인
간의 뜻대로 움직여주지 않는다. 이것이 인간을 겸손하게 만든다.

그런 상황에서는 자신과 감정을 통제하는 것이 중요하다. 과학자들은 이것을 관리통제라고 말한다. 이에 대해 아이들은 자연의 저항을 통해 '스스로 정신적 관리를 하는 법'을 배울 수 있다고 말하는 휘터와 렌츠-폴스터의 꾸밈없는 개념이 마음에 든다.

육지에서는 수영을 배울 수 없다. 마찬가지로 삶의 용기는 위기와 한계상황을 이겨내는 데서 발달한다. 노래는 다른 생각을 하게 해주고, 다른 사람과 함께 있으면 좋다는 것, 그러면 폭풍우 속에서도 쉽게 육지로 갈 수 있고 대피소를 이용할 수 있다는 것, 이 모든 것은 우리 아이들이 악천후 속에서 삶에 적용할 수 있었던 학습의 경험이다. 아이들은 그런 순간에 무엇이 안정과 위로를 가져다주었는지 알았다. 따라서 자연의 저항 혹은 한계의 경험은 내면적으로 성숙하는 엄청난 기회가 된다.

4. 소속감

'아이들은 모험에 대비해 무장을 해야 한다. 신뢰를 심어주는 온갖 경험으로 이루어진 무장을.'[37] 건강하고 정신적으로 안정된 아이로 자라기 위해서는 소속감이 필요하다. 곁에서 보호해주는 든든한 사람이 필요하고 자연 속에서도 안정감을 느껴야 한다. 어렸을 때 유난히 편안했던 장소를 생각해보라고 하면, 당신은 즉시 어떤 곳을 떠올릴 수 있을 것이다. 이렇게 즐겨 찾는 장소는 우리 인간에게 완전히 본래 모습을 허용한다는 느낌이 든다. 그것은 베란다의 흔들의자일 수 있고 정원의 나무 사이에 달아맨 해먹일 수 있으며 포근한 이층침대일 수도 있다. 아니면 앉아서 한눈에 전체

전망을 내려다볼 수 있는 나무 위, 가지가 갈라진 부분이나 그 아래 그루터기일 수도 있고 정원의 놀이터일 수도 있다. 발달심리학자들은 소속감이 발달한 사람은 더 사회적으로 행동하고 자의식이 더 강하다는 사실을 지적한다. 이 말은 그런 사람이 신체의 욕구를 더 잘 인지하고 그것을 통해, 가령 지나친 요구에 대해 자신을 방어하고 더 적절한 한계를 긋는다는 것을 의미한다.

많은 아이들은 자연환경에 직관적으로 매혹된다. 아기들은 눈으로 나뭇잎의 움직임을 좇는다. 어린아이들은 고양이나 개, 새가 보이면 예외 없이 손으로 가리키며, 초등학생들은 상처입고 보도에 쓰러진 새를 보면 안타까워한다. 또 많은 아이들은 애완동물을 간절히 바란다. 그것이 토끼든 거북이든 개든 상관없이, 중요한 것은 자신이 돌보며 내면적으로 일체감을 느낄 수 있는 대상이라는 점이다. 동물과 가까이 지내는 것은 면역체계에도 큰 도움이 된다. 동물과 어울리는 가운데 신체저항력이 단련되기 때문이다. 때로는 간단하게 '더러운 환경에서 튼튼해진다'라고 말하기도 한다. 동물의 털가죽에는 세균의 분해산물인 내독소가 있다고 알려져 있다. 미세한 먼지로 된 이것을 들이마시면 인체의 면역시스템이 가동된다. 즉 단련을 통해 강해진다는 이치가 작용하는 것이다. 어릴 때부터 동물과 밀착돼 자란 아이들은 알레르기 질환에 걸리는 경우가 드물다는 사실이 밝혀졌다. 잘 알려진 대로, 일단 알레르기 증상이 생긴 다음에는 동물은 치료에 좋지 않다. 분명한 것은 우리가 면역체계에 예민한 반응을 보일 필요는 없으며 다양한 반응을 보이기 위해서는 다양한 영향이 필요하다는 것뿐이다.

아이들과 동물 사이에는 자연스러운 이해의 고리가 형성되는 경우가 많다. 하지만 부모와 부모의 심리 상태에 따라 혼선을 빚지 않아야 한다는 전제가 따른다. 개를 길러본 사람이면 흔히 이런 상황을 접해보았을 것이다. 어린아이가 호기심 어린 눈으로 커다란 개를 쳐다보면, 보호자는 갑자기 손을 잡아끌며 "조심해, 큰 개야!"라고 경고한다. 잠재의식에서는 아이에게 '조심해! 위험해!'라는 메시지를 보내는 것이다. 이와는 달리 세 살배기 아이가 혼자 개에게 다가가도 제지하지 않는 부모도 있다. "괜찮아. 가서 쓰다듬어줘." 물론 동물을 전혀 모르는 경우라면 이런 행동은 경솔한 것이다. 이 두 가지 행동방식 모두 아이들이 올바로 동물을 다루거나 관심을 표명하는 방법으로는 바람직하지 않다.

아이들에게는 자연의 사물과 친숙해지고 자신의 환경 속으로 받아들이는 기회가 주어져야 한다. 그것이 동물이든 화단의 식물이든 아니면 호기심을 갖고 돌아다닐 수 있는 안전한 지역이든 마찬가지다.

도심에 사는 3~4세 아이의 주거 환경에 대한 연구조사에서는 직접 자연과 접할 수 있는 환경에 사는 아이일수록 자기가치를 높게 평가한다는 것이 확인되었다. 그런 아이들은 불안이나 주의를 방해하는 것에 대해서는 낮게 평가했다.[38] 아이들은 자연과 일체감을 가질 수 있지만, 무지 상태에서는 방해를 받을 수도 있다. 그것은 부모나 대가족, 교육자, 사회의 손에 달렸다.

휘터와 렌츠-폴스터가 기술한, 자연에서 발달하는 네 가지 원천(직접체험, 자유, 저항, 소속감)을 알게 됐다면 우리는 그것을 아이들에게 적용할 수 있다.

즉, 간섭은 줄이고 자유를 더 주라는 뜻이다. 아이들이 나름의 정신집중과 존중, 깊은 소속감을 경험할 수 있는 자유와 모험, 발견의 기쁨을 위한 공간을 허용해야 한다. 이렇게 해서 아이들에게 튼튼한 생명의 뿌리를 위한 토대를 제공하는 것이다. 아이들은 스스로 성장해야 한다.

아이들과 무조건 야외로 나가라!
모두가 자연에서 혜택을 보는 이유

'자연체험은 여러모로 아이들에게 좋다.' 교육학자인 울리히 게바르트Ulrich Gebhard는 30년간의 연구 결과를 이렇게 한 문장으로 요약한다. 이것은 현장에서 교육활동에 종사하는 사람들에 의해 계속 입증되고 있다. 뷔르템베르크 발트하임(숲속의 집) 사업단의 단장인 울리히 제거는 개신교의 후원 아래 자연환경에서 아이들을 위해 운영되는 방학캠프 52곳을 둘러보고 말했다. "발트하임은 도시 아이들에게는 삶의 신선한 공기 보급로나 마찬가지예요." 전후에 생긴 발트하임은 아이들을 대도시 환경의 빈곤과 쓰레기, 소음에서 구해내고 부담 없는 놀이와 영양식을 공급하며, 자연의 녹색활력에 직접 접근하도록 하는 것을 발트하임 운동의 이상으로 삼았다. 오늘날도 발트하임은 대성황을 이루고 있다. 여기서는 다양한 계층의 아이들이 뒤섞인 채 놀이를 위한 자유공간을 체험하며 대개는 젊은 코치가 동반한 가운데 직접 숲이나 초원, 공원 아니면 드넓은 자연에 들어가 지낼 수 있다.

영국의 베이든 파월Baden Powell 경에 의해 시작된 스카우트 운동, 또 아웃워드 바운드Outward Bound의 창설자인 쿠르트 한Kurt Hahn의 활동에서 보듯, 체험교육의 경향은 어린이와 청소년을 더 강하게 적응시키는 것을 목적으로 자연과 소속감, 신체단련에 치중했다. 아이들에게 자기체험의 기회를 주기 위해 베이든 파월의 좌우명이라고 할 '경험학습'이 활용되었다. 1920년부터 1933년까지 슐로스 잘렘 기숙학교의 교장을 지낸 쿠르트 한은 직접 체험과 행동의 순수성, 행동공간으로서 자연 혹은 문화경관에 의존했다. 이 모든 개념을 활용할 때의 목표는 아이들에게 용기를 줌으로써 스스로 해결책을 찾고, 다른 사람에게 관심을 갖고 이웃의 어려움에 주목하며, 소중한 삶의 공간으로서 자연을 존중하게 하자는 것이었다. 요즘 몇몇 연구 결과를 보면, 사람은 어릴 때 자연과 직접 교류하며 그것을 뭔가 좋은 것, 자명한 것으로 경험할 때, 자연에 유난히 관심을 쏟으며 소중히 한다는 것이 드러나고 있다. 뒤집어 말하면 직접 입에 담지 않은 것을 높이 평가하는 경우는 드물다는 뜻이다.

미래사회의 생존방식은 자연의 순조로운 발달에 전적으로 의존할 것이므로 우리의 자녀와 미래세대는 자연의 가치를 인지할 필요가 있다. 그럴 때만이 그들은 지속 가능한 보호 영역으로 들어갈 것이다. 이때 자연 및 환경보호에 대한 수업을 통해 자연의 가치를 알리는 것은 도움이 안 된다. 아이들이 자연과학에 대한 다양한 전문지식을 쌓는 것도 마찬가지다. 중요한 것은 아이들 스스로 자연에 접근하고 각자 경험을 쌓는 것이다. 그렇게 하도록 끊임없이 격려하고 기회를 제공해야 한다. 게다가 훌륭한 멘토가 있어 아이들에게 신뢰받는 본보기가 되고 그들의 의문에 늘 귀를 기울인다면, 아이들 개개인과 가족뿐 아니라 그런 분위기에 자극받은 우리 사회까지 수혜를 입을 것이고 구성원들은 안정적이고 책임감 있는 인격을 지니게 될 것이다.

내 고장의 숲에서: 자기 길을 따르기

우리는 스카우트 대장인 올리버 하르더가 이 문제를 어느 정도나 실용적으로 관찰할 수 있는지 알고 싶었다.

그곳 스카우트단에 속한 어린이 및 청소년들은 11세부터 숲으로 들어간다. 이 활동을 위해 10헥타르의 숲을 임대했기 때문에 그들은 자기소유의 숲에 들어온 것처럼 편안하다. 이들은 야영장과 나무껍질로 지붕을 이은 공동 오두막을 짓고 급한 용변을 해결하기 위해 자연발효 위생 화장실을 설치했으며 오래된 웅덩이로 유입되는 강물에서 진흙을 제거했다. 여기서 멋진 숲속 연못이 탄생했다. 이 밖에도 6세부터 18세까지의 대원들을 위한 자유공간은 얼마든지 있다. 소년소녀 대원들은 연못가에서 개구리를 관찰할 수 있고 둑을 쌓거나 진흙탕 속에서 놀면서 자발적으로 그 속에 빠지는 법을 배운다. 숲은 거대한 체험공간이다. 아이들은 특히 캠프파이어 둘레에 앉아 함께 뭘 먹거나 일상의 얘기를 주고받는다.

하르더는 이 청소년 사업을 16년 전에 시작했다. 그 사이 나이가 든 1세대 참여자들이 대학을 마치고 이곳으로 돌아오고 있다. 이들 다수에게 통하는 원칙이 있다면 한번 스카우트는 영원한 스카우트라는 것이다. 그들은 스카우트와 자연에 소속감을 갖고 있다. 청소년기를 막 벗어난 청년들은 스스로 노를 젓고 비박을 한다. 예컨대 작센 스위스 같은 곳의 암벽 밑에서 야영을 한다. 모든 스카우트 대원들이 공유하는 원칙은 서로 돕는다는 것이다. 그들은 다른 사람이나 자연과 일체가 되었음을 알기 때문이다. 하르더가 이들 모임에서 확인하는 것은, 이런 자연체험의 기회가 다양한 연령 및 계층 집단에게서 뜨거운 반응을 얻고 있고 정확히 그 분위기 속에서 커다란 가치가 형성된다는 것이다. 이들은 함께 어울리며 서로 배운다. 이런 다양성은 별난 아이들까지 받아들이고 운동 그룹이나 학교별 그룹에서 힘들어하거나 외톨이가 되는 아이들까지 포용한다.

예를 들면 자폐증이나 주의력결핍장애를 가진 아이들도 함께 어울린다. 올리버 하르더는 아스퍼거 증후군이었던 아이를 기억하고 있다. 아스퍼거 증후군이란 자폐증과 동시에 극단적인 행동 과잉 증상을 보이며 집단에 소속되지 못하는 장애를 말한다. 이 아이가 처음 스카우트 운동에 참여했을 때, 모든 대원은 한계를 드러냈다. 아이는 숲속을 마구 뛰어다니고 나무껍질로 이은 지붕에 올라가는 등, 불안할 정도로 활동적이었기 때문이다.

하르더는 당시를 기억하며 미소를 지었다. 그 사이 이 아이가 엄청난 운동욕구를 갖고 있다는 것이 알려졌고, 정확하고 짤막하게 지시해주기만 하면 스스로 한계를 인지한다는 것을 모든 사람이 알게 됐고 익숙해졌기 때문이다. 요즘 이 아이는 숲을 훤히 꿰뚫고 있다. 또 더 침착해졌고 많은 것을 스스로 발견하고 있으며 다른 아이들도 이 아이의 특이한 모습을 그대로 받아들인다. 숲은 모든 참여자들에게 마음의 여유를 주고, 비록 항상 마찰이 없는 것은 아니지만 서로 납득하도록 조심스러운 태도를 만들어주는 것처럼 보인다.

자연결핍 증후군 대신
비타민 N을

요즘 의사와 부모, 건강보험사들은 걱정이 점점 많아진다. 많은 아이들이 뚱뚱해지고 건강에 안 좋은 음식을 먹으며 또래와 함께 놀기보다는 방에 들어가 전자 미디어에 접속하는 것을 선호하기 때문이다. 그런 아이들은 리스크라는 것을 거의 모르고 지내므로 자연에서의 활동을 거의 하지 않거나 한다 해도 어설프다. 또 아무것도 하지 않는 시간에 대처하는 법도 모른다. 리처드 루브는 이런 개인적인 결핍을 '자연결핍 증후군'이라는 도발적인 개념으로 묘사하면서 이것을 개인 문제로 치부하고 주변에 해로울 것이 없으니 무시해서는 안 된다고 강조한다. 자연친화적이지 않은 현상은 결국 사회 전체에 영향을 준다. 사람들은 자신이 모르거나 특별히 주목하지 않는 것은 보호하지 않기 때문이다. 따라서 아이들을 생존공간으로서 자연 및 숲과 가깝게 지내게 하는 것은 사회를 위해 본질적으로 중요한 문제다. 다행스러운 것은 숲속의 유치원이라는 개념이 최근에 가치가 입증돼 그런 시설의 수요가 아주 많아졌다는 것이다. 숲속의 유치원 혹은 자연 속의 놀이그룹에 대한 보고서를 보면, 아이들이 자연에 적극적으로 다가갈 뿐만 아니라 또래 아이들과도 활발히 교류한다는 것을 확인할 수 있다. 자연속에서는 아이들이 별 갈등을 일으키지 않는다. 자연에서는 기분이 상쾌해지고 정서적으로 균형을 이루기 때문에 집중력도 더 올라간다. 그리고 총체적 운동기능 면에서 큰 진전이 나타난다.

이미 1997년에 소도시 클리판과 대도시 말뫼의 보육시설을 비교한 스웨덴의 연구는 흥미롭다. 말뫼에서는 평평한 바닥과 잔디밭, 도로, 모래밭, 기어오를 수 있는 작은 나무와 언덕, 미끄럼틀 등이 갖춰진 현대적 외부공간을 이용할 수 있는 반면 클리판은 자연과 가까운 환경이었다. 거기서 아이들에게 주어진 것은 커다란 나무와 바위, 울퉁불퉁한 바닥, 숲과 경계를 이룬 공간, 널따란 모래밭, 그네와 로프 따위였다. 생물학자인 파트릭 그란 박사와 그의 환경심리학 연구팀, 소아물리치료사들과 조경사들이 미국의 심리학 교수 스티븐 카플란과 긴밀히 협력 연구했다. 이들은 놀이 환경이 아이들에게 어떤 영향을 주는지를 조사했다.

연구진은 1년간 3세부터 6세 사이의 아이들을 따라다니며 조사했다. 운동능력과 집중력, 창의력을 테스트했을 뿐만 아니라 아이들의 사회적 행동과 건강을 관찰했다. 말뫼의 유치원에서는 병결 비율이 평소의 평균치

자연친화적이지 않은 현상은 결국 사회 전체에 영향을 준다. 사람들은 자신이 모르거나 특별히 주목하지 않는 것은 보호하지 않기 때문이다.

인 8퍼센트를 보인 반면에 자연환경에서 지낸 아이들은 2.8퍼센트에 불과했다. 이 차이는 1년 내내 변함이 없었다. 눈에 띄는 것은 또 아이들의 놀이 행동이었다. '야외에서 지내는 아이들'은 아이디어가 훨씬 다양했다. 대담하고 시끄러운 놀이를 했다가 조심스럽고 거의 소리가 안 나는 놀이로 바꿔가며 놀았고 그 와중에 복잡한 역할을 생각해내거나 서로 타협하기도 했다. 아이들은 놀이에 흠뻑 빠져 한눈을 파는 경우가 드물었다. 전체적으로 자연환경에서 노는 아이들은 집중력이 더 높았고 지시에 더 잘 따랐으며 다른 아이의 물건을 빼앗거나 방해하는 경우가 적었다. 또 운동도 더 안정적이었다.

그와 반대로 도시의 시설에 다니는 아이들은 세발자전거를 열심히 타는 경우가 많았다. 이들은 역할 놀이에 빠지는 경우가 드물었고 놀이를 중단하는 일이 더 잦았다. 이 유치원 교사들에게는 청소가 중요한 일과였다. 아이들의 외부공간에는 아무것도 놓아두면 안 되는 규정이 있어서다. 무엇보다 이곳의 교사들은 아이들의 갈등에 자주 개입해야 했고 그때마다 한계에 부딪혔다. 이와 달리 '야외 유치원'의 아이들은 틀에 짜인 일정을 따르거나 자기

물건을 정돈하는 것을 힘들어했다.

숲속의 유치원이나 자연 놀이공간을 미화시키지 않아도 이 연구가 보여주는 것은, 많은 학부모나 교육자의 경험치도 마찬가지지만, 녹지대의 체류시간을 늘리는 것이 건강과 창의력, 주의력 신장에 아주 좋다는 것이다. 우리는 비타민 N이 아이들의 적응력을 강화시켜주며 많은 선진국에서 감지되는 자연결핍 증후군에 가장 효험 있는 치유수단이라고 말할 수 있다. 어린아이들에게 자연과 접촉할 기회를 줄 때, 바람직한 개성의 발달과 주변 환경에 적극적으로 적응하는 토대가 만들어진다.

더 이상의 지식과 정보 대신, 놀라운 경험을 하고 스스로 그것을 파악할 기회를 더 많이 제공해야 한다. 그것을 위해 우리가 할 수 있는 최선의 선택은 아이들을 데리고 함께 떠나는 것이다. 무조건 밖으로 나가자!

단골 공간 찾기

어렸을 때 즐겨 찾던 장소가 있는가? 그곳을 지금도 찾을 수 있을까? 그렇다면 한번 의도적으로 당신의 단골 공간을 찾아보라. 어릴 때 기어오르던 나무 밑이나 놀이터 모래밭 귀퉁이, 혹은 강둑에 앉아보라. 그런 다음 어릴 때 품은 꿈이 무엇이었는지, 또 지금까지 당신의 인생이 어떻게 변해왔는지 생각에 잠겨보는 것이다.

맨발산책로 설치하기

균형 감각이 있고 마음의 여유가 있으며 스스로 만족할 줄 아는 성인은 아이들에게 보배 같은 존재다. 그러기 위해서는 스스로 느껴보아야 한다. 먼저 발밑 땅을 느껴보는 것으로 시작하라. 더 재미있게 하려면 평평한 바닥에 작은 나뭇가지로 네모 칸을 몇 군데 만들면 된다. 그 칸을 전나무 솔방울이나 이끼 덤불, 잔디, 나뭇잎 같은 것으로 채운다. 그런 다음 감촉을 주목하며 그 위를 걸어보라. 이어 눈을 감고 그 길을 걸어가며 균형을 취해보라.

성 쌓기

해변에서 모래성을 쌓아보라. 단순하게 모래와 물을 뒤섞은 채, 손에서 떨어트리다 보면 엉성한 모래 탑이 생길 것이다. 옆에 아이들이 있든 없든 상관없다. 그냥 당신 자신의 모래 작품을 만드는 것이다! 긴장이 풀림과 동시에 그 일이 주는 묘한 매력에 놀랄 것이다.

무조건 밖으로 나가
강렬한 삶을 찾아라 / 게랄트 휘터와의 대화

우리 부부는 몇 년간 교육자로 활동하다 이
후 성인들을 대상으로 세미나와 각종 행사를 열었고 그러는 중에
곳곳에서 똑같은 경험을 했다. 사람은 자신이 감동받는 것에만 관
심을 쏟고 그것을 배울 자세를 보인다는 것이다. 사람들은 몰두하
는 일에서 의미를 찾아야 하고 자신이 즐겁게 실험하고 탐험하고
실수를 저지르며 배울 수 있는, 불안에서 벗어난 공간이 필요하다.
오랫동안 우리 두 사람은 그렇게만 인식하고 있었다.

그러므로 유명한 신경생물학자이자 뇌 연구가인 게랄트 휘터
Gerald Hüther 교수에게서 지지받는다는 것에 우리는 완전히 감격했
다. 그의 저술과 강연은 사람들이 자기 자신을 벗어나 사고와 행
동에 의문을 품고 근본적으로 긍정적인 인간상을 갖도록 자극하
는 것들이다. 매사에 열심이고 최고의 네트워킹을 하는 휘터는 학

교와 노동계 혹은 미래공동체를 위해 전력을 기울이는 다양한 운동을 후원하고 장려하고 있다. 휘터 교수만큼 사회참여의식이 강한 사람과 만나 커피나 차를 마실 약속을 잡는 것, 아니면 함께 산책이라도 계획한다는 것은 당연히 쉽지 않다. 가능하기만 했다면 우리는 기꺼이 그랬을 것이다. 하지만 괴팅겐과 모리츠부르크는 100킬로미터나 떨어져 있고 바람과 실천은 별개의 것이어서 일정을 조율하는 데 애로가 있었다. 그래서 우리는 전화로 만남을 가졌고 그렇게 대화하며 흥미진진한 많은 화제를 확인했다. 이런 전제에서라면 앞으로도 우리는 이 책과는 무관하게 다시 저 밖의 자연 어딘가에서 대화를 계속할 수 있을 것이다. 자연의 녹지대에서 생을 보낼 때, 인간의 생각은 혜택을 본다는 확신을 우리가 공유하고 있기 때문이다.

선생님, 신경생물학자로서 교육과 교양이라는 주제에 왜 그토록 깊이 관심을 쏟게 되었는지요?

저로서는 더 흥미로운 연구 주제는 상상이 안 됩니다. 그 주제는 우리 사회의 뿌리와 인간의 삶의 뿌리와 관계된 거예요. 아이들이 얼마나 놀라울 만큼 발견의 기쁨과 형상화의 욕구를 지니고 태어나는지를 살펴본다면, 그런 자질을 키워줄 필요가 있다는 것을 알게 됩니다. 이처럼 새로운 것에 대한 기쁨과 감동 덕분에 아이들은 생후 첫 해에 아주 많은 것을 배울 능력을 갖춥니다. 그런 다음에는 뭔가 비극적인 일이 일어나죠. 우리가 아이들을 기존의 교육 체제로 들여보낼 때부터 말입니다. 늦어도 초등학교를 마칠 때쯤

이면 많은 아이들에게 이런 학습의 기쁨은 더 이상 남아 있지 않아요. 뇌 연구가로서 저는 아이들의 뇌에서 그런 기쁨은 분명 사라졌다고 말할 수 있습니다. 아이들이 학교에서 쌓은 좋지 않은 경험에는 없다는 말이지요. 이런 경험은 일련의 과정을 거쳐 뇌 속에 뿌리를 내리고 변화된 학습 및 삶의 태도로 이어집니다. 이런 일이 어떻게 벌어지고 왜 그렇게 되는지가 제게는 큰 관심거리지요. 여기서 긍정적인 변화의 출발점을 보니까요.

이 책을 위해 인간 발달의 측면에서 자연의 힘에 대한 숱한 전문지식과 경험지식을 모아왔습니다. 선생님에게 자연이나 야외로 나가는 것은 개인적으로 어떤 의미일까요?

아주 중요한 역할을 합니다. 자연은 자신을 억제하고 내면을 새롭게 가다듬는 데 가장 중요한 자원입니다. 저는 즐거운 마음으로 기꺼이 자주 밖으로 나갑니다. 숲속에서 산책도 하고 나무 밑에 가만히 앉아 있기도 합니다. 그러면 내면의 힘이 생기죠. 여름에는 초원으로 나가거나 나무 아래 앉아 있기를 즐깁니다. 그러면 우리가 살고 일하는 이 세계와 커다란 일체감이 형성되고 그것이 저 자신을 전체의 일부로 느끼게 해줍니다. 저는 시 외곽에 사는데 거의 불러비 마을(아동작가 아스트리드 린드그렌의 《떠들썩한 마을의 아이들》에 나오는 마을—옮긴이) 같죠. 드넓은 그 지역 한가운데는 여러 주택이 딸린 기사의 영지가 있답니다. 동네주민으로 살면서 동시에 저 자신을 위해 살 수 있는 환경이죠. 어디를 가나 녹지나 야생의 자연과 접촉이 가능하니까요. 이것은 제게 엄청나게 소중합니다.

선생님이 생각하기에 아이들이 강하게 자라기 위해 가장 효과적인 뿌리 세 가지는 무엇인지요. 그리고 거기에 자연이 필요한가요?

자연이 필요하냐고요? 그럴 수도 있고 아닐 수도 있습니다. 우리 아이들의 경우, 시골에서 키우면서 아주 의도적으로 여러 미디어와 접촉하지 못하게 했고 자연과 일체감을 느끼도록 했어요. 이것이 아이들에게 깊이 각인돼 숲속에서 마음껏 돌아다니는 것이 참 보기가 좋아요. 하지만 이 사회에서는 아이들이 '불러비 섬' 같은 곳에서 자랄 수 없다는 쓰라린 경험을 해야 했죠. 미디어와 학교 시스템, 다른 사고 및 행동방식과 접하게 되거든요. 아이는 다른 방향으로 나가 거기에 적응할 수도 있어야 합니다. 그러지 않으면 외톨이가 되니까요. 비록 힘든 결정이기는 했지만 우리는 당시 아이들이 이런 접촉을 수월하게 할 수 있도록 다시 시내로 이사를 했어요.

　제가 볼 때 강한 생존력을 위한 세 가지 뿌리는 사람을 성장하게 해주는 과제와 방향을 잡게 해주는 본보기, 그리고 안전하게 보호받는다는 느낌을 주는 공동체입니다. 무엇보다 사람은 아이나 성인을 막론하고 독특한 일체감을 느끼고 높은 평가를 받을 수 있는 공동체가 있어야 해요. 이런 확고한 뿌리 형성을 방해하는 것은, 아이들이 자신을 주체로 느끼지 못하고 다른 사람의 기대나 평가, 가르침의 대상이 되는 경험입니다. 아이들을 강하게 만들기 위해서는 그들을 유일한 주체로 봐야 하고 그들에게 부정적인 경험보다 긍정적인 경험을 할 기회를 주어야 합니다.

아이들의 발달과 경험에 유익한 자연의 많은 효과 중에서 어떤 것을 가장 높게 평가하십니까?
사람이 자연에 순응하는 것과 달리 자연을 바꿀 수는 없다는 사실에 대한 경험입니다. 아이들은 살아 있는 세계를 탐구하고 조사할 수 있습니다만, 생쥐 한 마리를 관찰하려면 생쥐가 구멍에서 나올 때까지 기다려야 합니다. 자연에는 생쥐가 나와서 찍찍거리는 것을 보고 싶을 때 누를 수 있는 단추 같은 것이 없어요. 사람이 좀 더 큰 단위로 자신을 분류해서 그 세계를 함께 만들어 나가고 동시에 그 안에서 자기 역할을 찾는 것은 아주 매혹적이고 흡족한 경험입니다. 그런데 이런 경험은 한평생이 걸리죠. 사람은 항상 자신과 주변 세계에 책임을 질 것인지, 아니면 불명확하게 세상을 더듬거리면서 주어진 삶을 그대로 받아들일 것인지를 자신에게 끊임없이 물어야 합니다. 누군가 자신을 계속 발전시키고 꾸며갈 수 있는 것으로 자기 인생을 해석하는지의 여부는 여기서 결정됩니다.

아이들과 함께 야외로 나가라, 자연 속으로 들어가라! 자연에 대한 의구심으로 불안해하고 그래서 자녀를 숲에 보내지 않는 부모들에게는 뭐라고 대답하시겠습니까? 혹은 '그러고 싶어도 우리는 숲에 살지도 않고 근처에 자유롭게 접근할 수 있는 자연도 없어요'라

불안을 없애주는 유일한 치료제는 믿음입니다. 이것은 제가 이미 1995년에 발표한 저서 《불안의 생물학》에서 한 말이기도 하죠. 불안은 상황을 극복할 수 없다는 스트레스에서 나오는 감정입니다. 그러므로 자신이 두려워하는 뭔가가 발생하지 않는다는, 불안을 억누르는 경험만이 도움이 됩니다. 우리에게는 긍정적인 경험이 필요해요. 당연히 계몽도 해야죠. 숲속의 다방조충이나 진드기가 실제로 어느 정도나 위험합니까? 그동안 이런 문제를 이유로 숲은 위험하다고 불안을 조장한 것은 완전히 히스테리라는 것이 알려졌죠.

부담스러운 대상을 통제할 수 있는 것으로 경험할 때, 불안은 다른 모습으로 변합니다. 위협은 도전의 대상이 되고 불안에서 낙관과 용기가 나오며 무기력에서 의지가 생깁니다. 따라서 자연이 아이들의 다양한 발달을 위해 중요한지 아닌지를 부모들이 배울 때, 실제로 자연의 소중함을 알게 될 것입니다. 그리고 자녀와 함께 자연을 경험하는 것이 중요하다고 생각할 때, 그 방향으로 나가는 길도 찾게 됩니다. 발코니든 도심 속 공원이든 상관없어요. 실제로 자연의 소중함을 모르는 사람에게는 언제나 그러면 왜 안 되는지에 대한 이유가 생기죠. 반대로 아이들이 부모에게 숲이나 시냇가 혹은 초원으로 함께 가자고 청하는 것도 생각할 수 있어요. 자연환경을 접해보면 단지 머릿속에서만 맴도는 공포를 제거해줄 최고의 치료제가 있다는 새로운 경험을 하게 될 것입니다.

블로그와 플랫폼 관리, 저술, 수많은 강연일정 등 선생님의 쉴 틈 없는 활동을 볼 때, 어디서 그런 힘이 나오는지 궁금합니다.

제 힘은 주로 이런 연구가 가져다주는 기쁨에서 나옵니다. 그 밖에 이 일을 중요하게 보고 무엇보다 의미가 크다고 생각합니다. 이런 지식으로 사람들이 삶과 사회적 공동체를 좀 더 의식적으로 가꾸어나가도록 도울 수 있는 거죠. 이것이 제가 그렇게 많은 활동을 힘들이지 않고 하는 이유입니다. 힘의 원천인 자연에 대해서는 이미 말씀드렸고요.

선생님의 최근작에서는 잠재력 발달, 그러니까 선한 공동체를 서로 가능하게 해주는 힘을 강조하고 있습니다. 그것을 어떻게 이해해야 할까요?

인간이 재능과 소질을 발전시키고 자기 자신을 발견하는 것은 무엇보다 평소의 자기한계를 능가하도록 스스로를 자극하고 용기와 영감을 줄 때만 가능합니다. 그래야만 우리 인간은 건전치 못한 비교와 경쟁에서 벗어나 모든 사람이 하는 일을 나머지 사람들이 하려고 하는 일보다 유난히 좋거나 더 좋게 봅니다. 모두가 유일무이한 존재라고 할 때, 그것은 다른 사람보다 낫다는 뜻이 아니라 남들과는 다른 자신만의 존재라는 뜻입니다. 바로 여기에 우리 인간의 엄청난 잠재력이 있습니다. 우리에겐 새로운 관계의 문화가 필요해요. 우리는 그런 생각에 영향을 주고 협력의 기회를 제공하려는 것입니다. 2015년 가을부터 성공적인 공동체를 만들고 네트워크화 하는 데 적극 참여할 수 있도록 했어요. 이것을 우

238

리는 잠재력 발달 아카데미라고 부릅니다.

우리가 잠재력을 이용하려면, 또 자기 행동의 활용공간과 놀랍도록 입체적인 뇌를 이용하려면 감동이 있어야 합니다. 학습은 감동과 우리를 감동시키는 사람을 통해서만 작동한다고 말씀하셨는데, 실제로 선생님을 감동시키는 것은 무엇인지요?

저는 제 손자에게 감동을 받습니다. 이제 한 살인데 얼마 전부터 그 아이에게 대부분 배우고 있어요. 이 어린아이가 모든 것을 보고 인지하는 것을 보면, 제 눈을 크게 뜨고 시각을 바꾸게 됩니다. 인간은 나이가 들수록 과거의 반응형식으로 되돌아가고 때로는 본능적인 반응을 보이죠. 어린아이는 발견과 학습을 멈추지 않아요. 또 움츠리지 않고 생존공간을 확대합니다. 이것이 제게 영감을 줍니다. 그리고 함께 세계를 발견하는 것이 우리 두 사람에게 행복을 가져다주죠.

게랄트 휘터 교수는 괴팅겐 대학교에 재직중인 신경생물학자다. 인기 과학도서의 저자이자 강연연사로서 많은 팬을 확보하고 있다. 현재 괴팅겐 부근의 시골마을에 살고 있다. http://www.akademiefuerpotentialentfaltung.org

제7장

밖에서 행복을

삶을 녹색공간으로 가져가라

무조건 야외로

적당히 따뜻하고 구름 낀 5월 어느 날 늦은 오후, 마침내 집으로 돌아오게 돼 기뻤다. 마라톤 회의를 마치고 나온 참인데 하필 아우토반까지 정체로 막혀 있었다. 당연히 짜증이 난 나는 피곤하고 신경이 날카로워진 상태로 집에 도착했다. 그리고 문을 열자마자 현관에 장식물로 놓아둔 피크닉 바구니 위로 쓰러지다시피 했다. 올라프는 피로를 풀 계획을 세웠는지 숲속 호수로 나가지 않겠냐고 말해서 나를 놀라게 했다. "거기 가면 여기 못지않게 맛있는 저녁을 먹을 수 있을 거야." 내가 그다지 달갑지 않은 표정을 짓자 그는 한 마디 덧붙였다. "그러면 당신 기분도 나아질 테고."

　남편을 실망시키고 싶지 않았다. 그래서 우리는 자전거를 타고 동네를 빠져 나가 호수를 향해 15분쯤 페달을 밟았다. 동네를 떠난 지 얼마 되지 않아 숲이 우리를 둘러싸면서 어느새 내키지 않던 기분이 싹 가시는 느낌이 들었다. 열띠게 토론하던 시간은 거의 생각나지 않았다. 대신 썩은 떡갈나무를 열심히 쪼고 있는 딱따구리를 관찰했고 도로로 나온 달팽이를 피하거나 호수를 향해 우리 머리 위로 날아가는 기러기의 끼룩거리는 울음소리를 들었다. 세상은 일과 도로정체, 뉴스, 광고만 보여주는 게 아니었다.

어쨌든 호수로 나간 나는 전혀 다른 세계를 느꼈다. 그날 그 시간까지 경험할 수 없었던 자연의 세계였다. 마음속 긴장이 서서히 걷히고 느긋한 기분이 찾아왔다. 그런 나를 본 올라프는 좋아했고 우리는 벤치에 앉아 호수를 바라보며 피크닉 기분을 즐겼다. 날이 흐려 수면에 햇살이 반사되는 풍경은 없었지만, 우리 기분을 방해하지는 않았다. 그런 상태에서도 밖에 나오면 나름대로 효과가 나타나기 마련이다. 많은 말이 필요 없었다. 우리는 고즈넉한 분위기에서 새로 구운 빵에 구수한 치즈, 신선한 채소를 먹었다. 거기에 탄산수와 와인을 곁들이자 어느새 배가 불렀다. 이런 행복함은 주중에 긴 일과를 마친 뒤라기보다 휴가 중 긴 트레킹을 마치고 난 뒤의 휴식 같았다. 자전거로 돌아가기 전에, 우리는 조금 더 걸으면서 숲을 돌았다. 그때 갑자기 부스럭거리는 소리가 들렸다. 걸음을 멈추고 사방을 두리번거리자 올라프가 말없이 왼쪽 숲의 빈터를 가리킨다. 우리가 서 있는 곳에서 약 20미터쯤 떨어진 곳에 멋진 사슴 한 마리가 서 있었다. 사슴은 고개를 들고 귀를 쫑긋하며 우리가 있는 쪽을 살폈다.

자연에 들어와 그렇게 가까운 곳에서 커다란 뿔이 달린 사슴은 한 번도 본 적이 없었다. 늠름한 자태의 그 녀석은 따뜻한 석양빛을 받으며 우리를 위해 배경을 장식하듯 서 있었다. 사슴이나 우리나 꼼짝하지 않았다. 몇 분이나 흘렀을까, 사슴은 나지막한 덤불을 지나 몇 발짝 걸어가더니 다시 우리 쪽으로 귀를 기울이고는 이상 없다고 판단한 것 같았다. 잠시 후 바닥에서 먹을 것을 찾으면서 이쪽은 더 이상 주목하지 않기 때문이다. 나는 사슴이 좀 더 그대로 있어 주기를 바라며 휴대전화를 꺼내 사진을 두 장 찍었다. 그러자 녀석은 천천히 우거진 숲속으로 들어가더니 시야에서 사라졌다. 우리는 말없이 서로 얼굴을 마주보았다. 그 흔치 않은 행운에 가슴이 마구 뛰었다. 이 우연한 만남, 대형동물의 고상한 자태, 한 장소에서 마주치고 말없이 주위를 살피던 순간은 뭔가 아주 특별했다. 이렇게 특별한 것이 우리의 일상을 행복하게 만든다.

요즘도 종종 그 장소에 가보지만 사슴은 더 이상 보이지 않았다. 사라진 행복 같았다. 행복은 기약할 수 없는 것이지만, 그것을 불러낼 기회를 만들 수는 있다. 사람은 행복이 나타나는 곳을 인지할 수 있고 그런 혜택을 받을 수도 있다. 그날 내가 분명히 깨달은 것 하나는, 행복을 찾는다면 행복이 문을 두드릴 때를 기다려서는 안 된다는 것이다. 마음을 활짝 열어야 한다. 밖으로 나가 행복을 찾아라!

인간은 가진 것을 생각하기보다 언제나 없는 것을 생각한다.
: 쇼펜하우어

본질적인 행복

가볍게 짐을 꾸리고 떠나는 여행. 최고의 것이나 가장 흔한 것이 아니라, 본질적인 것을 인생 여정에 싣고 싶은 동경을 얼마나 멋지게 표현한 말인가. 하지만 어디서 어떻게 본질을 인식하는 법을 배운단 말인가?

최근에 어느 카페에 앉아 크림을 넣은 밀크커피를 마시며 원고에 대한 이야기를 하고 있을 때, 옆 테이블에는 사업가 4명이 앉아 있었다. 이들은 확신에 찬 태도로 현장 프로젝트에 대해 토론하고 있었는데, 너무도 거리낌이 없었기 때문에 우리도 곧 그 내용을 알게 되었다. 그들의 프로젝트란 스무디 믹서, 즉 주스에 넣을 신선한 첨가물을 분쇄하는 기계의 출시를 말하는 것이었다. 강의와 다를 바 없는 그들의 토론을 듣고 나서 우리는, 그 기계가 영양을 개선하고 시간을 절약해주며 가족 건강을 챙겨주는 현대적인 삶의 지위적 상징일 뿐 아니라 인생을 분명히 보람 있게 만들어준다는 것을 소비자에게 알리는 데 성패가 달려 있음을 알게 됐다. 이 밖에도 그들로부터 홍보 책자와 영상이 잠재고객의 어떤 정서적인 욕구를 건드리는지도 알게 되었다. 목표는 그때까지 가만히 앉아 차나 멀티비타민, 탄산수를 홀짝거리던 사람들에게 스무디 믹서가 인생에 행복을 가져다준다는 점을 납득시키는 것이다. 고액 급여를 받는 4명의 홍보전문가는 월요일 아침에 이런 아이디어를 생각해낸다. 하지만 믹서 프로젝트를 위해 그들이 생각하는 예산은 하찮은 액수가 아니었다.

문제는 개별 고객이 아니고 고객의 삶의 행복은 더욱 아니며 한 지점의 영업신장이라는 느낌이 강하게 들었다는 것이다. 우리 사회는 재화와 서비스의 교환으로 돌아간다. 그러므로 소비를 비판하는 태도는 거의 파괴적인 결과를 부른다. 하지만 경제성장은 목적 자체가 아니다. 경제성장이 인간에게 기여해야지 그 반대가 아니라는 말이다. 행복하게 살고 싶은 사람은 삶에서 본질적인 것에 대한 물음을 던져야 한다. 우리는 스무디 믹서가 본질에 속하지 않는다고 확신한다. 그러면 무엇이 본질적인 것인가?

다른 사람과의 관계인가, 거주할 집인가? 아니면 접시에 담긴 요리인가, 제대로 보수를 받는 일인가? 건강인가, 마주치는 것에서 최선의 결과를 만들어내는 능력인가? 도대체 무엇이 삶의 본질에 가까운 것인가? 이러한 질문은 불가피하게 보다 근원적인 삶의 문제, 의미의 문제, 즉 '나는 누구인가?'라는 의문으로 이어지기 마련이다. 나는 무엇을 위해 사는가? 내 인생으로 어떤 성과를 낼 수 있는가? 사람은 예기치 않게 한계에 부닥치고 나서야 비로소 본질적인 것에 완전히 실존적인 의문을 품는다. 애플의 창업자인 스티브 잡스는 죽음이 삶에서 '최고의 기업 컨설턴트'라고 표현했다. 죽음은 실제로 본질적인 것이 뭔지 묻기 때문이라는 것이다. 그런 논리라면 우리는 행복이라는 주제 한가운데 있는 셈이다. 내게 있어 행복이란, 무엇보다 본질적인 것을 발견하고 선택하는 능력이라는 의미이기 때문이다.

선택권이 있다
다행히도!

행복은 파악하기 어려운 개념으로서, 비할 데 없이 벅찬 감격과 고요하고 깊은 만족의 중간 어디쯤에 해당하는 것이라고 할 수 있다. 이런 내면의 행복을 경험하기 위해 모든 목표를 달성해야 하는 것은 절대 아니다. 행복은 확실히 어떤 과정으로 가는 도중에 마주치는 것이다. 많은 사람은 행복을 원하면서 의식적으로 행복하려고 노력하지 않다가도 그것이 동경으로 남아 있는 것을 보면 의아하게 생각한다. 그때 행복해지고 싶은 소망은 그 사람의 존재 깊숙이 뿌리를 내린다. 행복에 대한 동경은 행동의 원동력이자 동기부여라고 말할 수도 있을 것이다. 따라서 무엇이 나를 행복하게 만드는지 끊임없이 물어야 한다. 어쨌든 이것이 행복에 대한 물음 자체보다는 대답하기가 훨씬 쉬울 테니. 행복은 매우 주관적인 것이라서 그렇다. 그러므로 학자들은 한 사람의 주관적인 평안이나 개인적인 만족이란 말을 더 즐겨 사용한다.

그 밖에 행복은 변화무쌍하다. 행복은 그때그때 변하는 인간 각자의 생존여건이나 그들을 둘러싼 문화에 달려 있다. 마침내 모든 시험을 통과했을 때, 첫 직장에서 첫 월급이 통장에 들어왔을 때,

얼마나 행복했던가! 혹은 아이를 낳고 키우는 비할 데 없는 행복은 어떤가! 그런가 하면 일상에서 행복을 만들어내고 잠 못 이루는 밤도 있기 마련이다. 또 처음 마련한 내 집과 첫사랑, 숱한 만남과 놀람과 삶의 기적들로부터 느끼는 행복도 있다. 이런 예는 누구라도 얼마든지 들 수 있을 것이다.

누구보다 행복을 입에 담는 사람이 행복하다.

행복에 담긴 역설은 그것이 강요를 허용하진 않으면서도 습득할 수는 있다는 것이다. 자세히 살펴보면, 행복은 한편으로 그 뿌리가 우연에 있고 또 한편으로는 인간의 생각과 의지에 있다. 그러므로 '당신은 행복해지고 싶은가?'라는 말은 지극히 현명한 질문이다. 이 물음은 행복을 뿌리째 뒤흔들기 때문이다. 누구보다 행복을 입에 담는 사람이 행복하다. 아마 그래서 부모님은 내 이름을 베아테(행복한 여자)라고 지어주셨는지도 모르겠다. 나는 행복이라는 주제를 달고 태어났다고 볼 수 있다. 하지만 행복은 쉽게 손에 넣는 것이 아니며 누구는 평생 기다리기만 하고 누군가는 날 때부터 가지고 있는 유전적인 보너스도 아니다. 캘리포니아 대학교의 심리학자인 소냐 류보머스키Sonja Lyubomirsky는 쌍둥이 연구 결과와 관련해 인간의 행복 감각 중 50퍼센트는 유전적 요인과 관계있고, 10퍼센트는 생존조건 같은 외부 요인과, 40퍼센트는 개인의 행동방식과 관계가 있다는 사실을 냉정하게 확인한 바 있다.

우리에게 흥미로운 것은 마지막의 수치뿐이다. 인간의 행동에 따른 모든 기회와 가능성이 거기에 있기 때문이다. 이런 이유에서 류보머스키는 삶을 소중하게 대하고 낙관적인 정신을 키우며 부정적인 사고의 악순환, 지나치게 생각하는 버릇, 특히 시기심을 피하라고 충고한다. 우리가 감사나 만족감, 소속감 혹은 기쁨을 인지할 때는 낙관적인 태도가 강화된다. 부정적인 감정은 마음에 엄청난 후유증을 남기고, 부정적인 것을 뒤덮기 위해서는 훨씬 많은 긍정적 감정이 필요하다는 것을 아는가? 일상에서 불친절한 말에 너무 오랫동안 연연하고 그 때문에 화를 내다보면, 햇살이 이미 오래전부터 다시 비치고 있었음을 인지하지 못하기 마련이다. 따라서 삶에서 부정적인 것, 화나는 일, 병적인 것, 가슴 아픈 일을 극복하기 위해서는 좋은 감정을 확실히 저장하거나 그런 감정에 몸과 마음을 흠뻑 적셔야 한다.

긍정심리학을 연구하는 바버라 프레데릭슨Barbara Frederickson은 3 대 1이라는 비율을 설명한다. 즉 감정 관리에서 부정적인 것을 상쇄하려면 그 3배의 긍정적인 감정이 반드시 필요하다는 것이다. 프레데릭슨은 논문을 통해 우리가 긍정적인 감정을 단지 깨닫기만 해도 그것이 증가한다는 것을 증명해보였다. 이 말은 행복이 순수한 주의력 및 인지와 상당한 관계가 있다는 뜻이다. 큰 행복은 성큼성큼 올라가는 '양자비약'이 아니라 수많은 잔걸음에서 나오는 것이다. 우리 둘은 이 사실을 알고 나서 그럴듯한 의식을 치르는 습관이 생겼다. 매일 저녁 우리는 그날 즐거웠거나 웃음 짓게 만든 일, 고마운 마음이 들게 한 일 중에 서너 가지를 적어보거나 이야기를 나눈다. 좋은 감정을 깨닫는 데는 아주 간단하고 효과적인 훈련이다. 그러다보면 낮 동안에도 사소해서 눈에 띄지 않던 아름다운 일이나 느낌을 갑자기 주목하게 된다. 버스기사의 미소나 구름 사이로 부챗살처럼 비치는 햇빛, 저녁나절 작은 올빼미의 울음소리, 정체 없이 뻥 뚫린 도로, 다툼 후의 사과, 맛 좋은 크림케이크, 뜻하지 않게 발견한 주차공간, 큰 도움이 된 이메일, 다정한 대화, 입맞춤, 말끔하게 완성된 엑셀 그래프 등등, 찾으려면 그런 일은 얼마든지 있다. 이 모든 것은 마음속에 행복이 자리 잡는 데 도움이 된다.

행복은 호화생활이나 물질적인 부에 견줄 수 없다. 누구나 그 사실을 앎에도 불구하고 많은 사람은 값비싸고 화려한 옷을 입기 좋아하고 거기에 쉽게 감동한다. 런던의 '인생학교'를 시작한 알랭 드 보통은, 물질 영역의 대상은 인간이 정신 영역에서 찾거나 필요로 하는 것을 상징한다고 추정한다. 호화주택은 안전하게 보호받는 장소에 대한 동경의 대체물이 아닐까? 또 고가의 시계는 지위의 상징으로서 주목받고 싶거나 사회적으로 인정받고 싶은 심리를 반영하는 것은 아닐까? 드 보통의 이론에 동의할 수 있는지 확인차 자신을 테스트해보라. 내가 무언가를 왜 구입하는지 성찰하는 것은 흥미로운 일이다. 이런 질문만으로도 세련된 광고와 마주칠 때, 자신의 구매행동을 돌아보는 데 도움이 될 수 있다. 아마 지인들 중에서 혹은 잡지 같은 데서 요즘 흔한 '다운시프팅 downshifting'(일 중시에서 여가 중시로 전환하는 것 — 옮긴이)이라고 불리는 흐름에 주목한 적이 있을 것이다. 소비생활에서 이 같은 '저단 변속'은 삶에서 본질적인 것에, 동시에 개인적인 행복에 다시 접근하기에 좋은 기회가 된다. 스스로 적게 소유하기로 결심하는 사람들이 점점 늘고 있다. 이런 태도로 그들은 '나는 소유한다. 그러므로 나는 존재한다'라는 생존방식을 거부하는 것이다. 우리가 오해하는 것이 아니다. 일반적인 소비 중단에 대해 설교하는 것도 아니다. 돈은 행복과 무관하다고 태연하게 말하는 사람이 있다면, 그에게 권하고 싶은 말은 단지 '그러면 돈을 기부하라!'라는 것이다.

돈이 중요하다는 것은 누구나 안다. 돈이 있어야 경제적 독립이 가능하기 때문이다. 돈은 기호를 충족하고 삶을 윤택하게 하며 좋은 일을 행하고 다른 사람으로부터 독립된 결정을 내리기 위한 수단이다. 하지만 돈 자체는 삶의 행복에 결정적인 요인이 분명 아니다. 삶에서 중요한 것은 돈이 아니라 존재의 의미고 살아 있다는 사실이며 생의 기쁨과 만족이다. 이때 자신만의 꿈을 좇고 실제로 그에 '걸맞게 사는' 실천을 하기 위해서는 소비생활에 의문을 품는 것이 큰 도움이 될 수 있다. 이상적인 경우는 '나는 내가 영위하는 삶이 좋기 때문에 행복하다'라고 말하는 것이다. 아니면 '나는 내가 하는 일로 유익한 결과를 부르고 뭔가 이 세계를 변화시킬 수 있어서 행복하다'라고 말하는 것이다.

이런 단계에 이르기 위해서는 사실 상당한 내면의 작업이 필요하다. 자기인식과 소망을 검증하고 그것을 곰곰이 생각해보고 부정적인 감정은 가능하면 줄이며 긍정적인 감정을 키워야 한다. 이런 것들을 과감히 실천하는 사람은 삶에 대한 만족이 아주 서서히 자라나는 것을 경험할 수 있을 것이다. 행복은 강요로 되는 것이 아니지만, 정신을 집중하는 내면적 태도의 결실일 수는 있기 때문이다.

인간이 행복한 곳

혼자만 행복한 것은 의미가 없다. 중요한 것은 주변 사람들이 행복한 것이다. 인간은 다른 사람들과 연대의식이 필요하며 동시에 자신의 길을 갈 자유가 있어야 한다. 연대와 자율이라는 두 가지 기본욕구는 생존의 가능성을 충족시키며 여기서 행복이 나온다.

서부 캐나다에서 365일을 보내는 동안, 우리는 이와 관련한 수많은 경험을 했다. 무엇보다 겨울이면, 대가족 집안사람들은 통나무집에 모이기를 즐겼고, 선술집이나 카페에서는 낯선 사람들을 만나 어울렸다. 또 친구나 지인끼리는 난로 주변에 모여 앉아 한담을 나누는 방식으로 마음에서 우러나는 만남의 문화를 가꾸어 나갔다. 사람들은 함께 노래를 불렀고 맛난 것이 있으면 가지고 나와 서로 나누어 먹었으며 의견이나 서로 유익한 정보를 주고받았다. 그리고 또 한편으로는 누구나 자유롭게 드나들었다. 혼자 있고 싶은 사람은 밖으로 나가 호수에서 얼음낚시를 하거나 산으로 스키를 타러 갔고 숲에서 산책을 했다. 누구에게나 삶을 개척할 기회가 있었고 동시에 폭넓으면서도 신뢰할 수 있는 사교의 네트워크가 있었다. 사람들은 곤경에 처하면 바로 이런 네트워크를 활용했다. 우리는 무리에서 이탈한 소들을 불러 모으는 일을 돕느라 온 동네사람이 즉시 픽업트럭에 올라타는 것을 본 적도 있다. 한번은 우리 자동차가 고장이 나서 대책도 없이 보닛을 열고 쩔쩔맨 적이 있는데, 이 장면은 사람들에게 특별한 신호나 다름없었다. 차를 몰고 지나가는 사람마다 멈춰 서서는 도와줄 일 없냐고 물

연대와 자율이라는 두 가지
기본욕구는 생존의 가능성을
충족시키며 여기서 행복이 나온다.

는 것이었다. 정말 믿을 수 없었
다. 슈퍼나 주유소에서 사람을 보
았을 때, 혹은 친구들끼리 만났을
때, 맨 처음 듣게 되는 단순한 '하
우 아 유?'란 인사말만 해도 기분이 좋았다.

안부를 묻는 인사를 건네는 것은 우리 독일인들에게는 익숙지
않다. 아주 비판적으로 주장하는 사람들 중에는 그런 인사는 단순
한 미사여구일 뿐이며 진정성이 담긴 질문과 혼동하면 안 된다고
말하는 경우도 일부 있다. 하지만 우리는 어쨌든 그런 인사를 달
리 경험했다. 이 '하우 아 유?'란 말은 접촉을 시도하고 서로 인간
으로서 만나도록 유혹한다.

캐나다는 삶의 행복 순위에서 상위를 차지하는 나라다. '세계행
복데이터베이스'라는 자료에는 행복 연구와 연관된 세계적인 통
계가 들어 있다. 이 장에서 인터뷰와 관련한 언급을 하겠지만, 마
이케 반 덴 봄Maike van den Boom은 '행복의 외국통신원'으로서 13개
국을 찾아다니며 연구진이나 정기적으로 행복 순위를 관리하는
사람들을 만났다. 문화와 생활수준의 격차와는 상관없이, 이들로
부터는 어떤 요인이 행복에 기여하는지가 드러난다. 지금 당신은
어떤 나라들인지 궁금할 것이다. 우리는 재미있고 유익한 반 덴
봄 여사의 베스트셀러 사이트[39]를 들어가 볼 것을 추천한다. 거기
서는 캐나다에서 파나마에 이르기까지 13개국의 놀랍도록 순수
한 삶의 행복과 관련된 반 덴 봄 여사의 경험을 소개하고 있다. 감
동하고 생각에 잠기고 영감을 받을 기회를 누려보라. 당신이 행복

한지의 여부를, 그리고 어떻게 행복해질 수 있는지를 혼자서도 얼마든지 확인할 수 있다.

행복은 결심하기에 달린 것이다. 행복을 원한다면 '좋은 삶'을 멀리 있는 목표로 잡거나 '할 일 목록'의 임의지점에 둘 것이 아니라 최고의 우선순위에 올려놓아야 한다. 행복은 삶의 접근방식이다. 만족과 평안을 중시하는 사람은 그것을 위해 뭔가 할 준비가 되어 있기 마련이다. 또 행복은 불행의 부재를 전제로 하지 않는다. 이것이 흥미로운 점이다. 행복한 사람도 얼마든지 슬플 수 있고 낙담하거나 절망할 수 있다. 운명은 스스로 굽히거나 규정되기를 허용치 않는다. 하지만 행복한 사람은 근본적으로 낙관을 품고 산다. 그들은 흔히 정신적 저항력을 지녔으므로 혼자서도 이 험한 세상에서 위기를 극복할 힘을 갖고 있다. 행복은 개인적인 인생관을 훨씬 넘어서는 문제다. 행복은 인간 전체와 관계된 것이다. 인간은 사회적인 존재고 공동체의 일부며 어느 팀이나 가족의 일원이기 때문이다. 나 자신의 태도가 다른 사람에게 영향을 주는 구조다.

예전에 영화관에 가기 위해 베이비시터를 부르기로 했을 때, 우리는 '부모가 잘 지내야 아이도 잘 지낸다'라는 말로 그런 사치를 정당화했다. 이 말의 진실성은 삶의 여러 영역에서 검증할 수 있다. 자신 및 삶과 조화를 이루는 사람은 주변세계를 더 너그럽고 타협적인 태도로, 또 유머나 뜨거운 관심을 갖고 대한다. 거기에 공동체적인 행복의 열쇠가 들어 있다. 이 세계를 위해 최선을 다하고 싶을 때는, 우리가 먼저 잘 지내야 한다. 이런 의미에서 행복찾기는 사회적 책임의 문제이기도 하다. 캐나다인들은, 스웨덴인이나 스위스인도 마찬가지지만, 예컨대 다른 사람을 도울 수 있을 때, 다른 사람을 존중하고 배려할 수 있을 때 행복해하는 경우가 많다. 마이케 반 덴 봄은 여행 경험과 행복연구가들과의 대화를 통해 몇 가지 측면을 강조했는데, 이것은 우리가 독일에서 행복의 감각을 높이는 데 도움이 되었다. 특히 이 책을 보면서 자연 및 야생과 직접 연관된 경험이 우리의 관심을 끌었다. 자연은 우리가 더 행복해지는 데 도움이 될까?

물론 도움이 된다

이 물음에 대답하기 위해 북유럽 국가로 상상의 여행을 떠나보자.

코펜하겐 해안로 93번지에는 오래되고 투박한 분위기의 창고가 하나 서 있다. 길게 뻗은 건물 앞에는 앞뜰 대신 야트막한 녹지대 언덕이 있다. 이 건물을 아는 사람이라면 북방의 숲이 떠오르면서 거대한 빙하표석 밑에서 내다보는 조그만 요괴를 상상할지도 모르겠다.

이 건물의 1층에는 '노마Noma'라는 식당이 있다. 노마는 평범한 식당이 아니라 전문지의 견해에 따르면 세계 최고의 식당이다. 고객은 벌써 문 앞에서부터 외부시설을 보고 '노마'라는 개념에 찬동하게 된다. 주방장 레네 레체피는 토속적인 것을 무척이나 강조한다. 'Noma'는 북방을 뜻하는 'nordisk'와 요리를 뜻하는 'mad'를 줄인 합성어다. 2003년 노마를 개업하면서 요리사들은 아주 별난 요리를 생각해냈다. 스웨덴 군대에 남아 있는 옛날의 레시피에 영감을 받아 북방의 순수한 자연을 요리로 제공하는 데 초점을 맞춘 것이다. 이 말은 '노마'에는 남방의 채소나 프로방스 양배추 따위는 없다는 뜻이다. 파인애플이나 라벤더 파르페도 없다. 하지만 클라우드베리에서 블루베리에 이르기까지, 버섯과 이끼, 뿌리 식물에서 신선한 바다생선과 토산 채소에 이르기까지 북유럽 일대의 식재료가 망라되어 있다. 그리고 이런 재료는 당연히 특별히 준비되며 매혹적인 북방 분위기 속에 자기접시에 담겨 제공된다.

덴마크 숲의 향기를 풍기는 레체피의 요리는 먼 옛날 스칸디나비아의 레시피에서 나온 것이다. 레체피는 고객들이 오감을 총동원해 그의 요리를 즐기는 것을 좋아한다. 고객은 맛을 보고 냄새를 맡을 뿐 아니라 정말 훌륭한 요리의 가치를 주목하기 위해 눈을 떠야 한다. 스웨덴이나 노르웨이, 덴마크를 가본 사람은, 블루베리 향기가 날 때는 배불리 먹을 수 없다는 것을 안다. 또 엘더베리로 주스나 수프, 젤리를 가공해서 만들고 막 딴 사과에서는 향기로운 냄새와 맛이 나며 버섯이 별미라는 것도 안다. 레체피는 '노마'에서 계절을 3등분한다. 1월부터 4월까지, 땅이 얼어붙은 시기에는 바다의 세계를 접시에 담아 표현한다. 식기와 각종 배열에 이르기까지 모든 것은 바다의 아름다움과 크기, 깊이에 맞춰진다. 봄이 돌아와 신록이 북방의 대지를 뒤덮는 가운데, 밤이 길고 해가 눈부신 5월이면 밭에서 피어나고 자라는 모든 것이 접시에 오른다. 바꿔 말하면 채식요리가 올라온다. 끝으로 9월부터 12월까지 레체피와 주방팀은 가금류와 육류 요리를 제공한다.

이렇게 노마의 직원들은 모든 행동방향을 자연의 순환에 맞춘다. 그러니 이런 구상이 고객의 혀와 위를 파고들고 기분까지 지배하는 것은 놀랄 일이 아니다. 직접 채취하고 수확한 양념으로 요리를 해본 사람이라면 이와 아주 비슷한 경험이 있을 것이다. 밭에서부터 접시에까지 이르는 과정은 단순히 생태적으로 현명한 조합에만 그치는 것이 아니다. 왜 우리가 이런 말을 하냐고? 미슐랭의 별(프랑스의 미슐랭 사가 매년 발행하는 식당 및 여행 정보 안내서로 식당의 가치에 따라 별을 매기는 '미슐랭 스타'로 유명하다 — 옮긴이)을 받은 이 요리사가 보여주는 것을, 우리는 단순한 진미의 수준을 넘는 훌륭한 행복 레시피로 간주하기 때문이다. 속도를 늦추고 깊이를 더하며 정제해서 사용하는 수법이다. 이런 방식은 우리에게 자연을 가르쳐준다.

자연의 리듬은 가속화할 수 없다. 봄이 더디 온다고 강제로 끌어올 수 있는가? 우리는 자연의 리듬에 적응하고 그것을 따르며 우리를 위해 이용하는 데 익숙하다. 자연을 신체로 접촉하고 나아가 자연과 조화를 이루는 생활을 할 때 사람은 강해지는 법이다. 우리는 지금 두 다리로 땅을 밟고 다니는 자연의 생활을 말하는 것이다. 이렇게 땅에 뿌리를 박은 사람은 삶의 풍파를 더 잘 견딜 수 있다. 깊이를 더한다는 말은 자신이 찬성한 것에 온전히 머무르고 거기서 한 차원 더 깊은 상태에 도달하는 것을 의미한다.

요리에 깊이를 더하고 대화에 깊이를 더하고 일에 깊이를 더하고 아이와 노는 데 깊이를 더하는 사람은, 자신의 일에 너무 깊이 빠지기 때문에 모든 멀티태스킹은 쓸데없는 것이 되고 만다. 한 가지 일에 완전히 몰두하고 이 일 저 일로 정신을 흐트러뜨리지 않는 사람은 자신의 행위를 몰입 단계로 이끄는 최고의 전제조건을 만들어낸다. 그러면 완전히 흐름에 몸을 맡긴 채 최고의 상태에서 현재의 행위에 파묻히는 것이다. 이따금 이런 경험을 하는 사람은 힘이 넘치는 바로 현재의 순간들을 맛본다.

몰입 단계에서는 기력을 소진하지 않고 길을 잃지도 않은 채 베풀 수 있다. 정제한다는 것은 그때그때 온전히 자신만의 것을 바친다는 뜻이다. 미슐랭의 별을 딴 요리사는 자신만의 진미로 요리를 만들며 고객으로 하여금 뭔가 특별한 것을 제공받는다는 기분이 들게 한다. 행복을 원하는 사람은 누구나 이렇게 자신의 삶에 '별'을 부여할 능력이 있어야 한다. 자신의 행위, 자신의 인간관계, 자신의 일을 뭔가 아주 특별한 것으로 만들고 애정과 창의력으로 그것을 정제할수록, 그만큼 그것을 출발점으로 삼기 마련이다. 우리가 베푸는 것은 보통 새로운 방법으로 다시 우리에게 돌아온다. 당신도 시험해보라.

여행을 하며 북방 사람들에게서 교훈을 얻은 이는 마이케 반 덴 봄만이 아니다. 때로는 위험하고 여름에도 서늘한데도 불구하고 스웨덴이나 노르웨이, 덴마크, 심지어 아이슬란드로 여행가는 사람이 많다. 우리도 거기에 속한다. 북방에서 오래 지낼수록 자연의 무게와 매력은 끊임없이 새로운 인상을 준다. 하늘은 다양한 변화를 보이고 숲에 흩어진 거대하고 둥근 바윗덩어리들은 마치 전설의 거인이 가지고 놀다가 잠시 놓아둔 것처럼 보인다. 강물은 끝이 보이지 않는 곳으로 흘러가고 이곳저곳의 바다는 끝없이 서로 뒤섞이는 듯하다. 이론적으로는 어디서나 크로스컨트리 스키를 탈 수 있으며 조심스럽게 모닥불을 지피고 하룻밤을 위해 텐트를 치며 산딸기를 따고 곰과 마주칠 수도 있다. 사람은 전체의 일부로서 동물과 자연의 리듬을 따른다는 느낌을 받는다. 자연은 인간에게 시간과 휴식을 돌려준다. 우리 자신이 간혹 잃어버리는 리듬을 재발견할 기회를 준다.

스웨덴 사람들은 만인이 자연 속에서 머물 태곳적부터의 권리를 알레만스레텐Allemansrätten(자연을 즐길 권리)이라고 부른다. 단 하나의 전제조건이 있다면, 자연에 적응하고 어떤 피해도 입지 않도록 만약을 대비해 주변을 경계하는 것뿐이다. 물론 언제 어디서 불을 지피는지 알아야 하고 용변을 파묻으며 자신에게서 나온 쓰레기를 가져오는 것은 당연하다. 스웨덴에서 주민이 거주하는 지대나 주택과 적당한 거리를 유지하고 이성적인 판단이 가능한 사람은 지극히 당연하게 자연에 머물 권리가 있다. 그리고 바로 이런 권리를 북방 사람들은 마음껏 누리고 있다. 주민들은 대부분 산이나 숲 혹은 호숫가의 땅에 '여름별장'격인 오두막을 하나씩 갖고 있으며 틈이 날 때마다 찾는다. 공동체와 자유, 책임. 이세 가지는 공익이 작동하는 동시에 완전히 개인적인 행복을 누리게 해주는 삼각기둥이다. 또한 자연은 확실히 사람이 놀고 움직이는 능력을 활성화한다. 저 자연에서는, 나무에 올라가거나 물속 바위로 올라서도 쉽게 균형을 잡는다. 막대기를 집어던지고 어디론가 기어오르며 모래밭에서 굴러도 동작이 날렵하다. 도심 한복판에서나 앞뜰에서는 생각할 수 없는 행동이다. 자연 속에서는 제대로 힘을 축적할 수 있다. 행복 프로그램에는 절대 많은 비용이 들지 않는다. 당신도 맨발로 걷고 별빛 아래에서 잠자며 일광욕을 하고 물결에 휩쓸려보라. 혹은 바람에 머리카락을 휘날려보거나 맨몸으로 부드럽게 비를 맞아보라. 이 모든 것이 당신을 더 활기차게 만들어줄 것이다. 처음에는 살짝 젖을 수도 있지만 곧 상쾌해지며 힘이 날 테고, 피곤해진 다음에 찾아오는 놀라운 행복감을 맛볼 것이다.

눈앞의 행복

이런 인식을 직업적으로 활용하고 다른 이들에게 비타민 N과 행복의 원천으로서의 자연을 알리는 아스트리트 미텔슈테트 Astrid Mittelstaedt 같은 사람도 있다. 야생과 자연의 교육자라고 할 이 사람의 좌우명은 '삶은 저 밖에서 펼쳐지므로 밖에 있는 행복으로 뛰어들라!'는 것이다. 지리학자인 아스트리트는 2009년부터 야생훈련과 자연세미나, 환경교육 분야에서 프리랜서로 활동 중이다. 우리는 우연히 그녀의 인터넷 사이트를 주목하게 되었다.[40] 올라프는 라인란트 출신인 그녀가 바로 코앞에 있는 엘베 사암산맥에서 한 단체를 이끌고 있다는 것을 일정표에서 보고는 즉시 차에 올라

탔다. 아스트리트의 활동을 직접 현장에서 보고 싶었던 것이다. 올라프는 한 시간 가까이 슈밀카를 향해 차를 몬 다음 다시 걸어서 일행이 묵고 있는 그로서 빈터베르크를 찾아갔다. 이미 저녁식사 시간이 다 되었을 때였다. 올라프는 한 시간을 기다렸고 숙소의 요리사도 마찬가지였다. 얼마 후 단체의 1진이 기진맥진한 채로 숲 쪽에서 나오는 모습이 보였다. 하지만 이들이 산장에 도착했을 때는 피곤한 모습에도 불구하고 만족한 표정이 역력했다. 그들은 하루 종일 저 야생의 자연에서 거센 바람도 아랑곳하지 않고 즐거운 시간을 보낸 것이다. 아스트리트는 아직 보이지 않았다. 훌륭한 가이드답게 당연히 마지막 팀과 함께였다.

기품 넘치는 이 여성은 예상치 못한 방문객이 찾아와 대화를 청했음에도, 놀라울 정도로 침착한 반응을 보였다. 안에서는 식사를 시작한 지 오래되었지만 그녀는 개의치 않고 시간을 내주었다. 바로 자신이 좋아하는 일, 즉 자연에서 시간을 보내고 그런 활동으로 다른 사람들에게 힘의 원천과 접촉하게 해주는 일은 그녀 자신의 의미와 기쁨을 충족시켜준다. 이 두 가지 요소가 모여 행복을 실현하는 것이다. 행복은 올바른 시간에 올바른 장소에서 가장 잘할 수 있는 일을 하는 것이다. 이뿐만 아니라 아스트리트의 유별난 인식이 또 하나 있다. 즉, 행복은 다른 사람과 공유할 때 더 커진다는 것이다.

확신하건대, 의미가 충만하고 만족스러우며 행복한 삶으로 가는 길은 의식적인 순간의 체험과 감속의 과정을 거친다. 죽어서 자연에 묻히는 것보다는 살아서 자연을 관찰하는 것이 의미 있고 또 그

렇게 해야 한다. 그럴 목적으로 시간을 투자하느냐 마느냐는 우리
에게 달린 문제다. 자연은 바로 눈앞에 있다. 삶의 풍요는 저 자연
에서 발견할 수 있다. 그러니 밖으로 나가 행복으로 들어가라!

행복을 공유하라

상대가 잘할 수 있는 분야에서 상대를 인정하라. 그리고 낙관적인 태도로 그 예를 보여주어라. 특히 당신이 행복하고 만족스럽게 낙관하는 일에 대해 말하라. 당신으로부터 행복을 발견하고 느끼게 하라.

행복하게 식사하라

어릴 때 즐겨 먹던 요리를, 그것도 천연 재료로 신선하게 조리하는 것(따라서 감자튀김 같은 것은 안 된다!)을 한 가지 찾아내라. 이것을 분명히 의식하고 요리하되, 식사는 친구들과 다 함께 떠들썩하게 먹는 것이 최고임을 실감하도록 시간의 여유를 두어라.

뒤로 미룸으로써 행복을 키워라

소망의 충족을 일정 기간 뒤로 미뤄라. 현재의 소비지향 사회에서는 모든 바람을 즉시 채우지 않는 것이 중요하다. 모든 것이 가능한 것은 아님을 인식하고 모든 것을 소유하지는 않는 것이 언제나 좋은 법이다.
욕구를 잠시 견디는 법을 배울수록 더 안정적으로 위기에 대처할 것이고, 일정한 시간이 지나 욕구가 채워질 때 행복감은 그만큼 더 커질 것이다.

행복을 축하하라

이번 주엔 함께 행복한 삶을 축하할 누군가를 초대하라. 걱정할 것 없다. 거창한 파티는 필요 없다. 간단하고 조촐하지만 진심에서 우러나는 마음으로 개인만의 분위기에서 치르면 된다. 당신은 맛좋은 와인이나 아이스크림, 캠프파이어 불에 구워먹는 막대 빵이나 초밥을 누구와 함께 먹고 싶은가?

사실 주변에 함께 축하할 사람이 없다면, 당신 자신과 더불어 삶의 파티를 즐겨라. 한 가지 분명한 것은, 삶은 한 번뿐이므로 축하할 가치가 마땅하다는 사실이다.

단순한 행복

마이케 반 덴 봄과의 대화

금발의 우아한 여성이 선선히 문을 연다. 은회색 실크블라우스에 몸에 달라붙는 회색빛 바지, 옷차림에 맞는 벨트, 수수한 액세서리와 양말만 신은 발. 신발을 안 신은 마이케 반 덴 봄의 모습은 전에도 한 번 본 적이 있다. 3년 전의 일이다. 당시 마이케는 뮌헨에서 열린 큰 축제에서 강연 연사 자격증을 땄고, 올라프와 나는 연사 자격을 위한 연수를 받을 때였다. 당시 마이케 반 덴 봄은 유난히 세련된 차림이었으며 높은 굽의 하이힐을 신고 무대 위에서 우아하게 걷는 모습이었다가 밤에는 바에서 맨발로 춤을 추기도 했다.

그 모습이 너무 멋지고 독특한데다가 보기 드문 신선함마저 느껴졌다. 그 얘기를 하자 마이케는 깔깔거리면서 마음 놓고 즐기려면 저녁 내내 하이힐을 신을 수는 없는 노릇 아니냐고 했다. 자연스럽고 솔직한 태도에는 매력이 넘쳤고 네덜란드식 악센트도 마찬가지였다. 그런 그녀가 이후로는 많이 변했다. 마이케는 삶의 행복과 행복을 위해 어떻게 기여할 수 있는지에 지대한 관심을 가졌다. 이런 이유로 해당 연구에서 세계적으로 행복한 나라의 단골 상위권에 오르는 몇몇 국가를 여행하는 계획을 세웠다. 마이케는 지역 차원에서 무엇이 인간을 행복하게 만드는지, 또 그런 바탕에서 삶의 행복에 대한 보다 다양한 인식을 이곳 독일에 적용할 수 있는지도 살폈다. 이런 주제로 마이케는 행복 컨설팅 중에 돋보이는 내용으로 사람들이 행복을 우연에 맡기지 않게 하는 책을 쓰고 싶었다.

오래전부터 많은 행복연구자들은 이 주제에 매달려왔고, 마이케는 그들의 이름을 다 알고 있었다. 개인적인 대화를 통해 지역과 장소에 대한 지식을 넓히던 때였다. 마이케는 숙고 후 대략의 계획을 세웠다. 그런 다음 아이디어를 짜내고 여행 일정이 들어간 마스터플랜을 다듬어나갔다. 이 계획은 그 자체로는 특별한 것이 없었을지도 모른다. 하지만 그녀는 어린 딸을 혼자서 키우는 엄마였다. 그 밖에도 당시 시간제 근무를 하는 처지였고 저축한 돈을 꺼내 쓸 형편도 못 되었다. 보통 사람은 이쯤 되면 꿈을 접었을 것이다. 여행비용을 어떻게 충당한단 말인가? 딸은 누가 돌보나? 또 직장에는 휴가가 필요하다는 것을 어떻게 설득할 것인가? 무슨 수로 베스트셀러를 쓸 것이며 그럴 만한 출판사는 어찌 구할 것인가? 이런 상황에서 마이케는 한 걸음 한 걸음, 때로는 대담하게 대개는 끈질긴 자세로 계획을 밀고나갔다. 완전히 낙관적인 희망을 품었던 그녀는 결국 이 프로젝트를 실현하는 데 성공했다. 3개월 간의 무급휴가, 딸을 데려다가 돌봐준 부모와 친구들, 그 덕분에 9주간을 여행하며 지혜로운 협상을 했고 행복에 대한 상당한 지식을 축적했다. 이것은 그녀의 책《대체 이곳 사람들은 어디서 행복을 찾나요?: 세계적인 13개 행복국가 여행기 및 이들 국가에서 우리가 배울 수 있는 것》을 실제로 베스트셀러로 만들었다. 요즘 마이케 반 덴 봄은 베스트셀러 작가로서 가치 있는 행복에 대해 영감을 주는 강연을 하고 있다. 마이케는 모든 행복 문제와 관련해 자신은 현실을 바탕으로 자신의 지식을 실천하도록 끊임없이 도전받고 있다고, 프랑크푸르트 도서박람회 한 모퉁이에서 우리에게 말했다.

마이케, 당신은 행복국가로 일컬어지는 아이슬란드와 노르웨이, 스웨덴, 핀란드, 덴마크, 스위스, 룩셈부르크, 캐나다, 파나마, 코스타리카, 콜롬비아, 멕시코, 오스트레일리아 등을 방문했는데, 왜 하필 이 13개국이었는지요?
행복보고서나 관련연구, 세계적인 찬사를 받는 곳은 많습니다. 저는 여행을 위해 로테르담 에라스무스 대학교의 데이터뱅크인 '세계행복데이터베이스'를 기준으로 삼았어요. 여기서는 루트 벤호벤Ruut Veenhoven 교수 연구팀이 올려놓은 약 9,000종의 학술 출판물이 평가 활용되고 있습니다. 벤호벤 교수는 30년이 넘도록 행복을 주제로 연구하고 있어요. 언급하신 13개국은 국민의 행복감 관련 조사에서 늘 상위를 차지하고 있죠. 반면에 독일은 한참 뒤처진 29위에 불과합니다. 개인소득이나 교육의 기회, 국민 안전 혹은 식물 성장과 기후라는 측면에서 볼 때, 세계적으로 아주 다양한 국가가 있습니다. '돈이 행복'이라는 단순한 방정식이 맞지 않다는 것은 분명합니다. 그렇다면 무엇이 행복을 가져다줄까요? 이에 대해, 그리고 그 다양한 대답들에 저는 관심이 많습니다. 또 13이라는 숫자도 재미있죠. 불길한 숫자로 알려져 있어서 미국은 건물의 13층이나 영화관 좌석에도 13열이 없는데 멕시코에서는 13이라는 수를 유난히 좋아하거든요. 이런 이유로 '13'이라는 숫자와 행복을 한 문장에 배치하는 것이 조금은 도발적이기도 하죠.

우리는 자연과 행복의 관계에 대해 많은 연구 조사를 해왔습니다. 이런 의미에서 '무조건 밖으로 나가 행복으로 들어가라'고 권고하고 있죠. 당신이 13개국에서 만나고 인터뷰한 사람들에게 자연과 야외활동의 역할은 비중이 얼마나 될까요?

행복국가에 사는 사람들은 대부분 자연과 강한 유대감을 느끼고 있습니다. 특히 북유럽 국가들이 두드러지죠. 겨울이면 어둑어둑한 길을 걸어야 하는데도 그렇습니다. 하지만 거대하고 인상적인 자연과 바로 붙어살 만큼 큰 행운을 누리는 캐나다와 오스트레일리아 사람들도 야외활동을 많이 합니다. 자연이 인간을 만들어냅니다. 야생 환경은 인간의 의지보다 강력해서 그에 따라 사람을 겸손하게 만들죠. 우리 인간은 지상에서 하찮은 존재예요. 이런 환경에서 인간은 모든 것을 마음대로 할 수도 없고 모든 것이 가능하지도 않다는 것을 배웁니다. 혹은 예테보리에 에스프레소 바를 소유하고 있는 크리스티안의 말도 귀 기울일 만해요. "스웨덴에서 우리는 넓은 자연환경의 혜택을 누리고 있습니다. 저는 자연에 어떤 힘이 담겨 있다고 생각합니다. 자연은 마음을 안정시키고 마음이 안정되면 더 쉽게 행복한 느낌이 들죠."

아주 행복한 사람들과 연결되는 뭔가 특별한 요인이 있을까요?
그런 사람들은 대부분 시련 없이는 행복할 수 없다는 경험을 한 이들입니다. 곤경에도 불구하고 혹은 곤경 한복판에서도 행복을 찾을 수 있다는 것을 그들은 알고 있죠.

행복에 대해 집필하는 작업이 그 자체로 행복을 느끼게 해주었을 텐데요. 책이 발간된 이후 어떤 변화가 있었는지요?
저는 변했습니다. 아마 이것이 가장 간단한 대답이겠죠. 제가 경험한 것, 보고 들은 것이 제 생각과 행동에 영향을 주었습니다. 예를 들어 요즘 저는 아주 빈번하게 자전거를 탑니다. 전에는 20미터 거리도 차를 타고 다녔죠. 사소한 것을 더 높이 평가하는 법을 알게 되었고 저 자신을 그렇게 중요시하지 않습니다. 그럼에도 뒤를 돌아보면, 제가 움직인 모든 것, 제가 과감하게 시도한 모든 것이, 그리고 그 짧은 시간에 평생 처음으로 이룬 많은 것들이 거의 믿을 수 없을 정도입니다. 그리고 매일 다시 뭔가 새로운 것을 시도한다는 것이 사는 보람을 느끼게 해줍니다. 물론 밤잠 못 자고 꼬박꼬박 준비해야 하지만요. 그 모든 행복국가들이 그곳을 떠나올 때 제게 준 것들이죠. '당신에게는 지금의 삶 한 번뿐이다. 그러

니 그 삶을 최고의 것으로 만들어라'라는 말과 함께 말이에요. 온
갖 긴장에도 불구하고 9주간의 여행은 유일한 초유체의 흐름Super-
Flow이나 다름없었습니다. 다양한 모습의 13개국을 돌아다니며 많
은 사람과 이야기를 나누고 카메라 다루는 기술을 배우고 인터뷰
를 하고 돌아와 30시간 분량의 동영상 자료를 글로 옮겨 썼어요.
그러다 한 대형 출판사를 감동시켰죠. 출판 계약서를 받은 다음
일하던 곳을 그만두었어요. 그때부터 작가로서 연사로서 활동하
고 있습니다. 이 일을 하며 많은 곳을 여행하고 있어요. 최근에는
라트비아 여성 한 분이 제 집에 들어와 같이 살고 있죠. 낯선 환경
은 풍요의 원천이에요. 저는 행복을 위해 많은 것을 기여할 수 있
음을 알고 있고 그래서 그런 시도를 하고 있는 것입니다.

행복국가 중에서 좀 더 오랫동안 여행하기 위해 다시 찾고 싶은 곳
이 있나요?
가장 가고 싶은 나라는 캐나다입니다. 그곳 사람들은 정말 느긋하
고 개방적이죠. 그렇게 도움을 주고 싶어 하고 여유로운 사람들은
보기 드물어요. 한마디로 말해 가속화를 벗어나 느림의 생활을 하
고 있죠. 그 밖에 자연이 정말 아름다워요. 딸을 데리고 다시 한 번
가고 싶어요. 또 머무는 동안 딸의 스쿨스테이도 성사시키고 말이
죠(우리로선 충분히 이해할 수 있는 일이다!).

좀 더 많은 행복과 생의 기쁨을 느끼기 위해 행복국가들이 우리에
게 줄 수 있는 원칙 세 가지가 있다면 무엇일까요?

특별히 우리 독일인에게 말인가요? 첫 번째 원칙은 '이제 됐다. 너희는 이제 그만!'이라는 좌우명에 따라 과거를 놓아주고 자기애를 더 발전시키는 것입니다. 둘째, 압박감과 의무감을 줄이고 늘 완벽을 추구하는 대신 80퍼센트에 만족하는 것입니다. 셋째, 자신이 가진 것을 높이 평가하는 것입니다. 그러기 위해서는 현재 무엇을 갖고 있는지 인지할 수 있어야 하고 비교를 줄이는 거예요.

외국에서는 독일인은 완벽주의를 추구하며 통제하기 쉽다고 생각합니다. 이런 점은 우리가 성공을 거둔 바탕이기도 하지만 발전 가능성과 개인의 자유라는 측면에서 크게 제한시키는 요인이기도 하죠. 또 그렇게 두드러지진 않지만 실패를 두려워하지 않는 기질도 우리에게는 있습니다. 실패는 융통성을 키워줍니다. 바로 거기에 행복국가의 큰 강점이 있어요. 즉흥적인 재능 말이죠. 자신을 신뢰하고 스스로를 해방시키는 것도 즉흥적인 특징에 속해요. 현재의 것에 재미를 느끼고 스스로 충분하다는 사실을 받아들이며 모든 일에서 100퍼센트 대신 80퍼센트에 만족하는 법을 배울 수 있다면, 국민의 행복감은 대폭 올라갈 것입니다.

당신은 행복은 삶의 접근방식이며 결심하기에 달렸다고 말했습니다. 그 말은 요즘 당신에게 어떤 의미가 있고 독자들에게는 어떤 자극이 될까요?
요즘 개인적으로 저를 행복하게 하는 것은 안개 낀 가을 날씨죠. 너무 시적인가요. 올해 첫눈을 봤어요. 벌써 화이트 크리스마스가 기다려집니다. 정말 멋지죠.

이런 것을 보고 싶어 하고 그것에 의미를 부여하는 것은 의도적 결정에 따른 것입니다. 행복을 원하면서도 어떤 비용도 들이지 않고 힘든 것은 피하려는 사람들이 많아요. 그래서는 되는 일이 없습니다. 그런 사람들은 삶의 작은 나사를 돌리기를 좋아하죠. 조금은 스포츠를 늘리고 조금은 건강식을 하고 그러다 5분간 휴식을 취하는 식으로 말입니다. 대신 삶의 커다란 바퀴가 반대 방향으로 돌아간다면, 소소하게 행복한 순간은 가능할지 몰라도 장기간 지속되는 행복한 삶은 만들지 못합니다. 커다란 바퀴에서는 '지금의 직업을 그만두고 사회적 지위가 떨어지는 걸 감수하고라도 늘 꿈꾸어왔던 일을 하는 것이 어떨까?'라는 의문이 되풀이됩니다. 문제는 일에 대한 만족과 인간관계, 삶의 의미예요. 큰 바퀴가 올바른 방향으로 돌아가면 작은 나사는 자동적으로 따라 돌기 마련입니다. 삶을 자유롭게 가다듬고 공동체에 대한 의무를 느끼며 행복을 촉진하는 가치를 실천하는 것, 이것이 삶에서 최선을 다하기 위해 우리가 할 수 있는 일입니다. 만족스러운 삶을 위해 사려 깊게 행동하는 사람은 본인뿐만 아니라 타인까지도 행복하게 만듭니다. 이런 의미에서 당신이 인류에게 베풀 수 있는 최대의 서비스는 당신 자신이 행복하다는 것을 입증해 보이는 것입니다.

마이케 반 덴 붐은 행복전도사를 자처한다. 그녀는 작가이자 예술치료사이기도 하다. 현재는 독립적인 트레이너로 프리랜서 연사로 활동 중이다. 현재 딸과 함께 본에 살고 있다. www.maikevandenboom.de

자연에서 얻는 힘

10월 말, 밖의 기온은 16도. 머리 위로 기러기가 날아간다. 우리 두 사람은 이 책을 매끄럽게 마무리하기 위해 실제로 집 앞의 나무 탁자 옆에 앉아 있다. 전에는 야외에서 이렇게 집중적으로 한 가지 프로젝트에 매달린 적이 없다. 우리는 말할 수 있다. 당일치기 트레킹을 나갔다가 오래된 비박 장소를 발견하고 몇 번인가 노천에서 밤을 보냈다는 것을. 그렇게 하면 풍부한 착상과 창의적인 생각을 하는 데 도움이 되는지 테스트하고 싶었기 때문이다. 이 책의 80퍼센트는 실제로 야외의 노천에서 쓴 것이다. 슈바르츠발트 한복판의 나무 밑에서, 코모 호숫가의 산에서, 모리츠부르크의 마르콜리니하우스 궁정 뜰에서, 우리 집의 목제 테라스에서, 친구들 집의 정원에서, 함부르크에서 엘베 강을 바라보며……. 창조적인 과정은 그것이 어디든 자연에서 이루어질 때 훨씬 순조롭다는 것을 경험했다.

자신이 '나무를 뽑을 수 있다'는 느낌을 받고 싶은 사람에게, 우리는 한 눈을 찡긋하며 두 팔로 나무를 끌어안으라고 말해준다. 이 책을 읽고 난 당신이, 자연이 그 자체로 힘의 원천이라는 사실을 발견하기를 진심으로 바란다.

독자로서 당신이 이 책과 더불어 흥미진진하면서도 생각이 필요한 여정에 관심을 돌린다면 우리는 고마울 것이다. 실제로 겪은 경험이나 야외에서 보낸 시간, 자연에서 느낀 힘의 모멘트가 있으면 메일을 부탁한다.

당신의 힘찬 삶을 바라며!

당신의 베아테와 올라프 호프만

접속 : www.hopeandsoul.com

1. Ken Robinson, In meinem Element. Wie wir von erfolgreichen Menschen lernen konnen, unser Potenzial zu entdecken, München 2010, 35쪽

2. http://www.biokon.de/bionik/bestpractices/

3. Robinson, S. 38

4. http://www.br-online.de/jugend/izi/deutsch/publikation/televizion/ 27_2014-1/vom%20Orde_was-foerdert-kreativitaet.pdf

5. Clemens G. Arvay, Der Biophilia Effekt. Heilung aus dem Wald, Wien 2015, 80쪽

6. Arvay, 71쪽

7. Natalie Knapp, Der unendliche Augenblick. Warum Zeiten der Unsicherheit so wertvoll sind, Reinbeck 2015, 10쪽

8. Peter Wohlleben, Das geheime Leben der Bäume. Was sie fuhlen, wie sie kommunizieren–die Entdeckung einer verborgenen Welt, München 2015, 134쪽

9. Wohlleben, 129쪽

10. Elmar Hatzelmann/Martin Held, Vom Zeitmanagement zur Zeitkompetenz. Das Übungsbuch für Berater, Trainer, Lehrer und alle, die ihre Zeitqualität erhöhen möchten, Weinheim 2010, 109쪽

11. https://www.tu-chemnitz.de/uk/pressestelle/aktuell/2/1916 (11.11. 2015)

12. Hatzelmann/Held, 104쪽

13.Gerhard Dohrn-Van Rossum, http://www.zeit.de/1999/01/Vom_lichten_Tag_zur_Stechuhr (11.11. 2015)

14. Lothar Seiwert, Zeit ist Leben, Leben ist Zeit, München 2013, 67쪽

15. Fokken, 14쪽

16. http://www.bmub.bund.de/presse/pressemitteilungen/pm/artikel/naturbewusstseinsstudie-deutsche-moegen-wildnis/?tx_ttnews%5BbackPid%5D=1050 (11.11. 2015)

17. Ulrike Fokken, Wildnis wagen. Warum Natur glücklich macht, München 2014, 22쪽

18. Stephen Kaplan, The Restorative Benefits of Nature, in: Journal of Environmental Psychology (1995) 15, 169–182쪽

19. Gerhard Fitzthum, Fluchtpunkt Wildnis. Der Wille zum Naturerlebnis zwischen Sehnsucht und Wirklichkeit, http://www.natursoziologie.de/files/wildnis-fitzthum_1502201357.pdf, 13쪽 (11.11. 2015)

20. Walden, Heft 1/2015, 37쪽

21. Arvay, 29쪽

22. Arvay, 36–37쪽

23. Anselm Grün, Leben und Beruf. Eine spirituelle Herausforderung, Münsterschwarzach 2007, 63쪽

24. Thomas M.H. Bergner, Burnout-Prävention. Sich selbst helfen–das 12-Stufen-Programm, Stuttgart 2010, 7쪽

25. Bergner, 124쪽

26. Marco von Munchhausen, Wo die Seele auftankt. Die besten Möglichkeiten, Ihre Ressourcen zu aktivieren, München 72006, 132쪽

27. Alfried Längle, Sinnvoll leben. Eine praktische Anleitung der Logotherapie, Wien 2011, 57쪽

28. Peter Müller, Meine Sehnsucht bekommt Füße, Ein spiritueller Pilgerführer, München 2009, 172쪽

29. Detlef Wendler, Beten. Heilsame Kräfte entdecken, Ostfildern 2012, 40쪽

30. Wolfgang Schlund/Georg Jehle/Charly Ebel, 100 Jahre Bannwald Wilder See, Schriftenreihe ForstBW Band 85, Stuttgart, Seebach 2011, 67쪽

31. Herbert Renz-Polster/Gerald Hüther, Wie Kinder heute wachsen. Natur als Entwicklungsraum. Ein neuer Blick auf das kindliche Lernen, Fühlen und

Denken, Weinheim und Basel 2013, 222쪽

32. Renz-Polster/Hüther, 9쪽

33. Renz-Polster/Hüther, 9쪽

34. Andreas Weber, Kinder, raus in die Natur! in: Geo 8/2010

35. Richard Louv, Das letzte Kind im Wald. Geben wir unseren Kindern die Naturzurück, Freiburg i. Br. 2013, 54쪽

36. Renz-Polster/Hüther, 195쪽

37. Renz-Polster/Hüther, 53쪽

38. Sarah Wauquiez, Was bringen Naturerlebnisse Kindern? Argumente, Erfahrungsberichte, Forschungsergebnisse, Fachverband Erleben und Bildung in der Natur, 2011

39. http://www.wogehtsdennhierzumglück.de

40. http://www.raus-ins-glück.de

옮긴이_ 박병화

고려대학교 대학원을 졸업하고 독일 뮌스터 대학에서 문학박사 과정을 수학했다. 고려대학교와
건국대학교에서 독문학을 강의했고, 현재는 전문번역가로 일하고 있다.
옮긴 책으로《소설의 이론》《현대소설의 이론》《수레바퀴 아래서》《사고의 오류》《공정사회란 무
엇인가》《유럽의 명문서점》《최고들이 사는 법》《하버드 글쓰기 강의》《자연은 왜 이런 선택을 했
을까》《슬로우》《단 한 줄의 역사》《마야의 달력》《두려움 없는 미래》《에바 브라운 히틀러의 거
울》《구글은 어떻게 일하는가》《저먼 지니어스》《미국, 파티는 끝났다》등 다수가 있다.

우리 앞의 월든

초판 1쇄 발행일 2018년 5월 30일

지은이 베아테 호프만, 올라프 호프만
옮긴이 박병화
펴낸이 김현관
펴낸곳 율리시즈

책임편집 김미성
디자인 Song디자인
종이 세종페이퍼
인쇄 및 제본 올인피앤비

주소 서울시 양천구 목동중앙서로7길 16-12 102호
전화 (02) 2655-0166/0167
팩스 (02) 2655-0168
E-mail ulyssesbook@naver.com
ISBN 978-89-98229-59-7 03190

등록 2010년 8월 23일 제2010-000046호

이 도서의 국립중앙도서관 출판시도서목록(CIP)은 서지정보유통지원시스템
홈페이지(http://seoji.nl.go.kr)와 국가자료공동목록시스템(http://www.nl.go.kr/kolisnet)에서
이용하실 수 있습니다.(CIP제어번호: CIP2018015194)

책값은 뒤표지에 있습니다.